Kleine Reitschule

Handbuch für Einsteiger und Fortgeschrittene

Hinweis

Alle in diesem Buch enthaltenen Angaben wurden von der Autorin nach bestem Wissen erstellt und von ihr und dem Verlag mit größtmöglicher Sorgfalt überprüft. Gleichwohl sind – wie wir im Sinne des Produkthaftungrechts betonen müssen – inhaltliche Fehler nicht vollständig auszuschließen. Daher erfolgen die Angaben etc. ohne jegliche Verpflichtung und Garantie des Verlages oder der Autorin. Beide Seiten übernehmen keinerlei Verantwortung und Haftung für etwaige inhaltliche Unstimmigkeiten.

Gesamtherstellung: Naumann & Göbel Verlagsgesellschaft mbH, Köln

Autorin: Silke Behling
ISBN 3-625-10361-3
www.naumann-goebel.de

Kleine Reitschule

Handbuch für Einsteiger und Fortgeschrittene

NAUMANN & GÖBEL

INHALT

WISSENSWERTES ÜBER PFERDE

So leben Pferde

Wer reiten will, muss sich mit Pferden auskennen. Nur so kann man ihr Verhalten verstehen und lernen, mit Pferden richtig umzugehen. Wer Pferde mag, sollte versuchen, ihre natürliche Lebensweise kennen zu lernen und Pferde beispielsweise auf der Weide beobachten. Dann sieht man schon ganz gut, wie Pferde miteinander umgehen.

Pferde sind Flucht-, Herden- und Steppentiere. Als Fluchttiere laufen sie bei Gefahr davon, und sie verteidigen sich nur, wenn es nicht anders geht. Da Pferde eine Gefahr deshalb immer rechtzeitig erkennen müssen, sind sie sehr aufmerksam und erschrecken gelegentlich ziemlich schnell. Wenn sie etwas Unbekanntes und

So leben Pferde: am liebsten den ganzen Tag gemeinsam fressen.

Beängstigendes sehen, dann ist die erste Reaktion die Flucht. Das muss nicht immer gleich ein Sprint über hundert Meter sein, so ein Erschrecken kann sich auch in einem beherzten Sprung zur Seite zeigen.

Wenn man weiß, dass Pferde Steppentiere sind, denkt man auch daran, dass sie viel Bewegung benötigen. Der ursprüngliche natürliche Lebensraum der Pferde ist die große, weite Steppe. Dort konnten und mussten sie den ganzen Tag in Bewegung sein – etwa 16 Stunden verbrachten sie dabei tagtäglich mit der Nahrungssuche. Den ganzen Tag ohne etwas zu fressen und ohne Auslaufmöglichkeit in einer geschlossenen Box zu stehen, das ist für Pferde nicht natürlich und auch nicht gesund. Auf einer Weide oder einem Auslauf fühlen sich Pferde deshalb am wohlsten. Dabei brauchen sie die Gesellschaft von anderen Pferden. Schließlich sind Pferde Herdentiere.

Als ursprüngliches Steppentier benötigt das Pferd viel Bewegung.

Wenn andere Pferde aufpassen, dann kann sich ein Pferd auch ganz unbesorgt hinlegen.

Dadurch, dass Pferde in der Steppe so viele Stunden mit Fressen verbracht haben, ist ihr Verdauungssystem heute auf die regelmäßige Futteraufnahme ausgerichtet. Pferde müssen mehrmals täglich gefüttert werden. Idealerweise haben Pferde möglichst immer etwas zu knabbern: Gras auf einer Wiese oder Heu und Stroh in ihrer Box. Je öfter Pferde zusammen mit anderen Pferden auf der Koppel stehen und fressen können, desto besser.

In einer Herde zu leben, ist für das Fluchttier Pferd im Übrigen auch viel sicherer, als alleine zu sein. Denn in einer Gruppe kann man gemeinsam viel besser aufpassen. Wenn die Freunde aufmerksam die Gegend betrachten, kann ein Pferd in Ruhe fressen oder dösen und braucht nicht ständig nach Feinden Ausschau zu halten. Es genügt, wenn ein oder zwei Pferde einer Herde „Wache schieben“. In einer Herde grasender Pferde sieht man deshalb, dass immer wieder eines der Pferde den Kopf hebt und sich umsieht.

Als Fluchttiere sind Pferde natürlich ganz besonders darauf angewiesen, Feinde rechtzeitig zu erkennen. Dafür sind sie mit ihren an der Seite liegenden Augen ideal ausgerüstet: Sie haben fast eine Rundumsicht, lediglich nach ganz hinten und ganz vorne, also direkt vor ihrer Nase, sehen Pferde nicht so gut.

Pferde haben fast eine Rundumsicht – nur direkt vor der Nase und nach ganz hinten (siehe farbige Felder) haben sie keine Sicht.

Die Herde gibt also Sicherheit für jedes Pferd. So können sich Pferde manchmal zum Schlafen hinlegen, auch wenn sie dann als Fluchttiere eigentlich nicht schnell genug fliehen könnten. Normalerweise legt sich deshalb nicht die ganze Herde hin und schläft, sondern ein oder zwei Pferde bleiben stehen und halten Wache. Zwar können Pferde sich auch im Stehen ausruhen, aber ab und an müssen sie sich mal richtig hinlegen und fest schlafen können. Ein Pferd, das sich im Stehen ausruht, döst: Es hält den Kopf und den Hals gesenkt, die Ohren stehen zur Seite und die Augen sind geschlossen. Meist hat das Pferd dabei ein Hinterbein angewinkelt, auf dem es dann kein Gewicht mehr tragen muss.

Scharfsichtig: Pferde können auch in der Dämmerung gut sehen.

Das Leben in der Herde hat natürlich auch so seine Tücken: Es muss schließlich geregelt sein, wer in der Gemeinschaft das Sagen hat. In einer Pferdeherde gibt es deshalb, wie bei anderen Tieren auch, die im Rudel oder in einer Herde leben, eine Rangordnung. In dieser Rangordnung ist genau festgelegt, wer an den besten Futterstellen fressen oder wer zuerst trinken darf. Eine Pferdeherde umfasst in der freien Natur in der Regel nicht mehr als fünf bis acht Pferde, sodass wir auch darauf achten sollten, dass eine Herde, die wir Menschen zusammenstellen, nicht viel größer ist.

In einer Pferdeherde ist übrigens keineswegs der Hengst der Chef, wie man vielleicht glauben könnte: Die Leitstute übernimmt in der Regel die Führung und bestimmt den Weg der Herde zu den besten Futterplätzen. Der Hengst verteidigt die Herde bei Gefahr und läuft deshalb meist am Ende einer Pferdegruppe. In einer Herde gibt es immer nur einen erwachsenen Hengst.

Die Verständigung von Pferden untereinander geschieht vor allem über ihre Körpersprache. Schon am Gesichtsausdruck, beispielsweise an den Ohren, lässt sich schnell feststellen, ob Pferde drohen oder neugierig sind. An ihrer Körperhaltung können Pferde erkennen, ob ein anderes Pferd ängstlich und zurückhaltend ist oder ob der andere gerade stolz und mutig ist und sogar ein anderes Pferd vertreiben will. Auch Lust zum Spielen und Herumtoben können Pferde zeigen: Dann werden Angriffe spielerisch vorgetragen, die Pferde jagen sich und schnappen beispielsweise nach den Vorderbeinen. Meist sind es Hengste oder Wallache, die miteinander herumtoben. Bei Stuten geschieht dies etwas seltener. Junge Pferde spielen öfter miteinander als ältere, aber auch diese sieht man bis ins hohe Alter miteinander spielen.

Dieses Pferd drückt Stolz und Kraft aus und ist alles andere als ängstlich.

Pferderassen und ihre Eigenschaften

Pferde werden in verschiedene Gruppen eingeteilt: Warmblutpferde, Rennpferde oder Vollblüter, Westernpferde, Barockpferde, Kaltblüter und die Ponys. Damit unterscheidet man große Sportpferde von schnellen Rennpferden, kleine Ponys von kräftigen Arbeitspferden und kompakte Cowboypferde von rassigen, stolzen Barockrassen.

Typisch Warmblüter: Sie sind die Stars in den großen und kleinen Springprüfungen.

Warmblutpferde sind die Pferde, die man im Fernsehen auf den großen Dressur- und Springturnieren sieht. In den meisten deutschen Reitschulen wird ebenfalls auf Warmblutpferden geritten. Sie sind zwischen 160 und 175 Zentimeter groß. Warmblüter gibt es vor allem in folgenden unterschiedlichen Grundfarben: Schimmel, Braune, Rappen und Füchse sind am häufigsten. Isabellen, Falben und Schecken sind dagegen seltener.

In ganz Deutschland hat man aus den ehemals schweren Arbeitspferden der Bauern Pferde gezüchtet, die besonders gut für Dressur- und Springprüfungen geeignet sind. Weltweit haben sich diese Rassen als Sportpferde einen Namen gemacht. In Deutschland gibt es 14 verschiedene Warmblutrassen. Die bekanntesten Warmblutpferde sind sicher die Hannoveraner, Westfalen und Holsteiner. Gerade diese drei sind auch sehr häufig. Allein bei den Hannoveranern zählt man in Deutschland etwa 19 000 registrierte Stuten.

Aber auch in den anderen europäischen Ländern gibt es Warmblutpferde. In Belgien züchtet man das Belgische Warmblut, das oft recht groß und schwer ist, in Italien den Calabreser, der noch ein wenig an den barocken Neapolitaner erinnert, in Dänemark das Dänische Warmblut, das alle Merkmale eines modernen Sportpferdes zeigt, und in Großbritannien das Britische Warmblut, für das erst seit Ende der 70er-Jahre des letzten Jahrhunderts ein eigener britischer Zuchtverband eingerichtet wurde.

Zu den Warmblutpferden gehören ebenso Pferde wie Achal-Tekkiner oder Kinsky-Pferde, die aus Asien und Osteuropa kommen und einen größeren Anteil von Vollblutvorfahren haben. Achal-Tekkiner sind übrigens viel schlanker als beispielsweise deutsche Warmblutpferde, weshalb sie auch als die „Windhunde unter den Pferden" bezeichnet werden. Kinsky-Pferde sind tschechische Warmblutpferde, die ursprünglich besonders gern bei der Jagd eingesetzt wurden. Kinskys sind überwiegend Falben oder Isabellen und haben einen ganz einzigartigen Schimmer im Fell.

Mit „Metalliclackierung": das haben nur Kinskys und Achal-Tekkiner.

Warmblüter sind in der Regel sehr gelehrige und umgängliche Reitpferde. Für Einsteiger ist ein Warmblüter mit hohem Vollblutanteil und großem Potenzial für den Turniersport meist zu schwierig zu reiten. Aber die meisten Warmblutpferde sind tolle Freizeitpartner – nicht ohne Grund findet man sie in den meisten heimischen Reitställen in der Überzahl.

Zu den Vollblütern zählen die weltweit bekannten Araber. Araber gelten als die älteste Zuchtrasse der Welt. Sie sind außergewöhnlich schön und edel, aber auch ganz außerordentlich leistungswillig und menschenbezogen. Den Araber erkennt man an

seinem kleinen Kopf mit seiner breiten Stirn und seiner gebogenen Nasenlinie, die man auch Hechtkopf nennt. Zu den Arabern gehören nicht nur die Vollblutaraber, sondern auch die Shagya-Araber, die Anglo-Araber und die Partbred-Araber.

Ein typisches Arabergesicht: Viele Araber sind Schimmel und man erkennt sie an der charakteristischen Kopfform.

Englische Vollblüter und Traber sind ebenfalls Vollblüter. Englische Vollblüter werden für die schnellen Galopprennen gezüchtet, man sieht sie auf den großen Rennbahnen der Welt. Englische Vollblüter werden häufig in der Zucht von Warmblütern eingesetzt. Traber sind eigentlich keine Vollblüter sondern Warmblüter, aber sie werden meist mit den Ersteren zusammen genannt, da sie ebenfalls zu den Rennpferden gehören. Traber werden tatsächlich fast nur für die Trabrennen mit dem Sulky gezüchtet.

Vollblüter haben übrigens kein volles Blut, sondern eher „volles" oder auch „heißblütiges" Temperament: Sie sind im Allgemeinen etwas schneller aufgeregt als beispielsweise ein Warmblüter

oder vor allem ein Kaltblutpferd. Liebhaber dieser Rassen schätzen gerade die schnelle Reaktion der Vollblüter, denn diese macht sie so aufmerksam und lernwillig. Für unerfahrene Reiterhände ist so ein Vollblüter allerdings nichts. Ein Vollblüter reagiert für einen Anfänger in manchen Fällen einfach zu schnell – notfalls auch mal mit einem erschrockenen Hüpfer an einer Stelle, bei der ein Haflinger nur geschaut hätte – und empfindliche Vollblüter tolerieren ebenso wenig die typischen Einsteigerfehler, die man als Reitanfänger macht.

Der Appaloosa: Dieser Hengst ist komplett ausgerüstet, um mit dem Lasso Rinder zu fangen.

Quarter Horses, Appaloosas und Paint Horses sind typische Westernpferde. Sie sind mit einer durchschnittlichen Größe zwischen 148 und 155 Zentimeter deutlich kleiner als Warmblutpferde. Quarter Horses sind übrigens die häufigste Pferderasse der Welt, von ihnen gibt es knapp drei Millionen registrierte Pferde. In Deutschland leben derzeit rund 12 000 eingetragene Quarter Horses. Ihr Name leitet sich vom Pferderennen in der Länge einer „Quarter mile“ ab, also einer Distanz von etwa 400 Metern, über die man in ihrer Heimat den USA früher Rennen abgehalten hat.

Westernpferde zeichnen sich im Allgemeinen durch ihre Bereitschaft zur Kooperation und ihr meist unkompliziertes Wesen aus, weshalb sie bei Freizeitreitern sehr beliebt sind. Ihre

flachen Bewegungen lassen auch einen Reitanfänger schnell bequemer sitzen, wobei natürlich der Westernsattel zusätzlich das Gefühl von Sicherheit erhöht, da er viel mehr Halt gibt als etwa ein Springsattel.

Barockpferde sind beispielsweise Andalusier und Lusitanos, die sich besonders gut für die klassische Dressur eignen. Aber auch Friesen, die „schwarzen Perlen“, gehören zu den Barockpferden. Friesen erkennt man ganz leicht an dem dichten Behang an den Fesseln und an der hohen Aufrichtung des Halses, mit dem sie besonders stolz und edel aussehen. Ebenso gehören die Lipizzaner zu den Barockpferden. Die Schimmel treten an der Spanischen Hofreitschule in Wien mit ihrer klassischen Dressur auf und sind dafür weltberühmt.

Ein stolzer Spanier zeigt sein Pferd gerne vor.

Barockpferde sehen unter dem Reiter oft sehr spektakulär aus, sodass schnell der Eindruck entsteht, sie wären einfach zu reiten. Das ist allerdings nicht der Fall, sie müssen mindestens ebenso sorgfältig ausgebildet werden wie jedes andere Pferd – und wenn man sie wirklich gut reiten will, dann gehört schon eine ganze Menge Reiterwissen und Können dazu.

Kaltblutpferde sind die schweren Arbeitspferde, die den Bauern früher bei ihrer Feldarbeit halfen und auch heute noch bei der Forstarbeit sehr geschickt sind. Das Ziehen schwerer Wagen und Lasten liegt den Kaltblütern sozusagen im Blut – wobei ihr Blut keineswegs kälter ist als das anderer Pferde. Lediglich ihr Tempe-

Elegant und kraftvoll zugleich: der Schwarzwälder Fuchs

rament ist etwas „kühler" und nicht so hitzig wie beispielsweise das der Vollblüter. Zu den bekanntesten Kaltblutpferden gehören sicherlich die Belgier, die Bretonen und die Percheron. Die größten Pferde überhaupt sind übrigens die Shire Horses. Diese aus England stammende Pferderasse kann bis zu 1,95 Meter groß werden. Kaltblüter können bis zu 1000 Kilogramm schwer sein. Leider sind diese Kraftprotze unter den Pferden mittlerweile eher selten geworden, und manche Rassen sind sogar vom Aussterben bedroht.

Manche Kaltblüter werden auch als Freizeitpferde geritten, sie sind wegen ihrer ruhigen und besonnenen Art beliebt. Aber ihre Spezialität ist sicher das Ziehen schwerer Lasten, wo sie ihre Ruhe und ihre Kraft gezielt einsetzen können.

Als Ponys gelten nach offiziellem Maß alle Pferde, die kleiner als 148 Zentimeter sind. Das sind zum Beispiel Haflinger, Connemaras, Islandpferde, Dartmoor Ponys, Welsh Ponys und Fjordpferde. Gerade Ponys sind oft ausgezeichnete Reitpferde für Kin-

der und Jugendliche. Es sei aber ausdrücklich davor gewarnt, Ponys nur als kleine, niedliche Kinderspielzeuge anzusehen. Sie sind nämlich durchaus vollwertige Pferde mit einem gesunden Selbstbewusstsein. So benötigen sie eine richtige Grundausbildung, eine artgerechte Haltung und ebenso wie jedes Großpferd viel Beschäftigung und Bewegung.

Gerade unter den Ponyrassen gibt es große Unterschiede: Norweger und Haflinger sind eher ruhig und besonnen und können auch für Reitanfänger geeignet sein. Deutsche Reitponys beispielsweise sind dagegen oft sehr temperamentvoll und nur für erfahrenere Ponyreiter zu empfehlen.

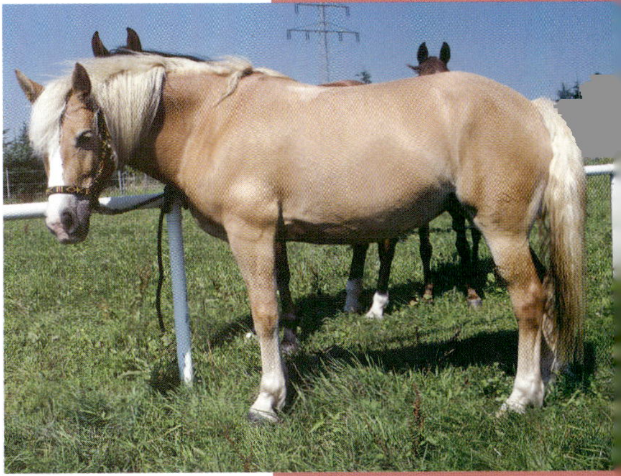

Das bekannte Tiroler Bergpony: ein Haflinger mit blonder Mähne!

Schön, wenn Reiter und Pferd so gut zusammenpassen.

WELCHES PFERD PASST ZU MIR?

Pony oder Großpferd?

Ein Pferd sollte immer zu seinem Reiter passen: Sowohl die Größe von Pferd und Reiter als auch der individuelle Charakter sollten aufeinander abgestimmt sein. Zum Kauf eines entsprechenden Pferdes gehört natürlich auch eine ausreichende Ausbildungsstufe. So passen beispielsweise ganz junge Reiter und unerfahrene Pferde meist nicht gut zusammen.

Ein gutes Springpferd benötigt ganz besondere Fähigkeiten.

Ein eher ängstlicher Mensch wird selten mit einem dreijährigen, hellwachen Vollblutaraber glücklich, und wer von einer Karriere im Springsport träumt, sollte sich ganz einfach keinen Isländer kaufen, sondern besser ein Warmblutpferd! Ebenso wird ein kleines Mädchen, dessen Beine noch gar nicht bis unter den Sattel reichen, fast im Spagat auf einem Warmblutpferd mit einer Größe von 1,80 Meter sitzen müssen und sich schnell unwohl fühlen, weil es das Pferd mit Gewicht und Schenkel nicht beeinflussen kann. Man sollte andererseits natürlich einem korpulenten, über 1,80 Meter großen Mann kein schmales Reitpony von 1,40 Meter kaufen.

Es gibt zahlreiche Ponyrassen, die kräftig genug sind, einen Erwachsenen zu tragen, aber auch da gibt es nun einmal Grenzen. Abgesehen davon ist es nicht allein die Widerristhöhe, die bestimmt, wie viel ein Pferd tragen kann, sondern dies hängt immer auch davon ab, wie kräftig das Pony beispielsweise gebaut ist. Und – nebenbei bemerkt – ein guter Reiter, der einem Pferd nicht mit seinem ganzen Gewicht in den Rücken fällt, kann auch mal eher auf einem schmalen Pferd sitzen, ohne ihm weh zu tun, als ein sehr schwerfälliger Reiter.

Kein Pferd für jedermann: ein junger Vollblutaraber

Ein junges Pferd muss man sorgfältig ausbilden.

Reiten lernt man besser mit einem erfahrenen Pferd. Dafür muss man seine eigenen Reitkünste realistisch einschätzen können. Sonst hat man plötzlich einen ungerittenen dreijährigen Warmbluthengst zuhause, obwohl man bisher mit einem älteren unkomplizierten Pony über die Wiesen und Felder gezogen ist. Zum Einschätzen der eigenen Fähigkeiten sollte man daher auf alle Fälle seine Reitlehrerin oder seinen Reitlehrer um Rat bitten. So verhindert man, dass man ein Pferd erwirbt, dem man dann überhaupt nicht gewachsen ist!

Ungemein wichtig ist daher der jeweilige Ausbildungsstand von Pferd und Reiter. Das

Pferd sollte nämlich immer mehr Können als der Reiter. Ein unerfahrenes Pferd auszubilden, das ist wirklich nur etwas für erfahrene Reiter und echte Profis. So muss man beim Kauf eines solchen Pferdes anschließend noch einiges an Geld für die Ausbildung bei einem Profi investieren.

Gemeinschaftliche Haltung und Nutzung

Die Kosten für den Stall können je nach Region völlig unterschiedlich sein und hängen auch davon ab, welchen Service beispielsweise der Pferdestall bietet. Für einen Stall in der Nähe einer großen Stadt zahlt man beispielsweise mehr als für einen ganz weit draußen auf dem Land. Dort wo viel Platz bereits verbaut ist und Wiesen knapp sind, zahlt man natürlich auch als Pferdehalter mehr.

Gelegentlich kann man bei den Pensionspreisen für Pferde ein Nord-Süd-Gefälle feststellen: In Norddeutschland ist die Pferde-

Mit so viel Platz zum Bewegen fühlt sich die kleine Pferdegruppe sichtlich wohl.

haltung günstiger als in Süddeutschland. Generell gilt sicher, je höher das Durchschnittseinkommen, desto höher die Pensionskosten für Reitpferde.

Ein wesentlicher Faktor für den Preis ist überall der Service. Für Vollversorgung und Reitanlage zahlt man wesentlich mehr als für einen Stall, bei dem man selbst mithelfen muss. Wenn der Besitzer der Stallanlage oder ein Angestellter dreimal täglich Kraft- und Raufutter füttert und zweimal täglich die Box ausmistet, dann muss man für diesen Service natürlich auch finanziell aufkommen. Eine Reithalle direkt auf der Anlage lässt den Preis ebenfalls in die Höhe steigen, während ein Reitplatz, bei dem man Wind und Wetter ausgesetzt ist, meist weniger teuer ist. Eine Reithalle ist nun mal für den Stallbetreiber teurer in der Anschaffung und im Unterhalt. Auch Weiden oder Paddocks, auf die die Pferde regelmäßig gebracht werden, gehören zu den Leistungen, für die man zahlen muss. Allerdings kann man beispielsweise wieder etwas Geld einsparen, wenn man diese Paddocks oder die Box selber abmistet.

Hier fühlt sich das Pferd wohl: eine Box mit Paddock.

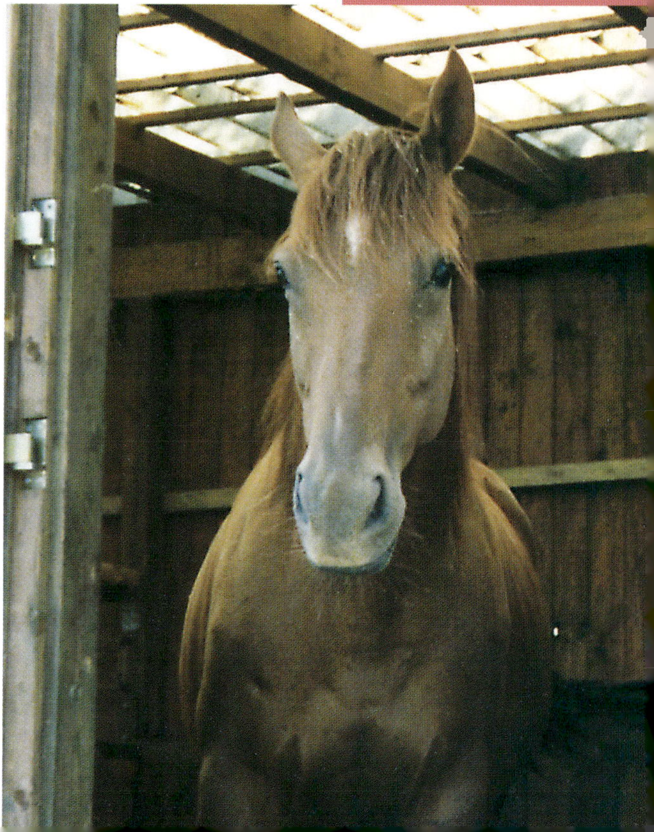

Neben den verschiedenen Formen der Pensionspferdehaltung gibt es natürlich noch die Möglichkeit, die Pferde – wohlgemerkt die Pferde, niemals eines alleine – privat am Haus oder ganz in der Nähe zu halten. Als so genannter Selbstversorger, der die Pferdehaltung in Eigenregie durchführt, spart man sicher einiges an Geld, aber benötigt umso mehr Zeit.

Bevor das Geldsparen anfängt, muss man allerdings erst einmal investieren: in einen Stall, also das Gebäude, den Boden, die Wasserleitungen usw., in einen Paddock, also dessen befestigten Boden und sichere Umzäunung, sowie in die Weiden, die gepachtet, gepflegt und eingezäunt werden müssen. Sollte man dann auch noch über genügend Lagermöglichkeiten für Heu und Stroh verfügen und dieses für ein Jahr im voraus eingekauft haben, dann kann man sich an die Alltagsarbeit machen. Und das ist viel Arbeit: Pferde müssen schließlich nicht nur dreimal täglich gefüttert werden, sondern benötigen auch eine saubere Einstreu, der Mist muss abtransportiert, die Pferde müssen auf die Weide gebracht und wieder hereingeholt werden und vieles andere mehr.

Über die genauen örtlichen Bedingungen der privaten Pferdehaltung informiert man sich am besten vorab bei der jeweiligen Gemeinde, denn nicht überall ist es beispielsweise erlaubt, einen Zaun zu ziehen oder eine Weidehütte aufzustellen. Idealerweise teilt man sich im Übrigen die Arbeit rund um die Selbstversorgung, sodass nicht nur ein Pferdehalter allein für die ganze Arbeit verantwortlich ist, sondern sich den täglichen Aufwand mit anderen Pferdebesitzern aufteilt. Sonst kann es ganz schnell passieren, dass man vor lauter Arbeit keine Zeit mehr zum Reiten hat oder es zu Problemen kommt, wenn man doch einmal krank wird. Solche Gemeinschaften von Pferdehaltern gibt es relativ häufig. Entschließt man sich dazu, sich mit anderen Pferdehaltern zusammenzutun, sollte man genaue Absprachen treffen, wer wofür verantwortlich ist, damit es später keinen Ärger gibt. Am besten man sichert sich die Abmachungen vertraglich zu.

Wer selbst mit Hand anlegt, spart oft bares Geld.

Pferdekauf und Beratung

Wenn man ein Pferd kaufen möchte, dann gilt es zunächst, sich einen kompetenten Partner für die Pferdesuche auszuwählen. Niemand sollte sich ganz allein ein Pferd kaufen! Selbst als erfahrener Reiter tut man gut daran, sich noch eine zweite Meinung einzuholen, ob das ausgesuchte Pferd wirklich zu einem passt und tatsächlich das gewünschte Traumpferd ist oder in Zukunft werden kann.

Zum Pferdekauf sollte man immer jemanden mitnehmen, der einen beraten kann.

Am besten nimmt man zum Pferdekauf den eigenen Reitlehrer mit, der die persönlichen reiterlichen Fähigkeiten besonders gut einzuschätzen weiß. Auch für die Ziele, welche man in Zukunft erreichen kann, hat ein guter Reitlehrer meist einen realistischen Blick. Außerdem sollte er beurteilen können, wie sich das begutachtete Pferd entwickeln kann, falls es noch weiter ausgebildet werden soll.

Natürlich muss das Pferd, das man kaufen möchte, unbedingt gesund sein. Deshalb gehört zum Pferdekauf auch immer – wirklich immer! – eine Ankaufsuntersuchung durch einen Tierarzt, den man kennt und dem man vertraut. Aus rechtlichen Gründen sollten bei dieser Ankaufsuntersuchung möglichst der Pferdekäufer, der Verkäufer und ein oder mehrere möglichst unabhängige Zeugen anwesend sein. Das Untersuchungsergebnis wird außerdem protokolliert. Vor der Untersuchung wird bereits festgelegt, wie umfangreich diese sein soll, ob beispielsweise Röntgenbilder von

allen Beinen gemacht werden müssen usw. Dabei sollte man am besten auf die Erfahrung des Tierarztes vertrauen, der die Untersuchung dann in Abhängigkeit vom erhofften Nutzen und der Vorgeschichte des Pferdes durchführen wird.

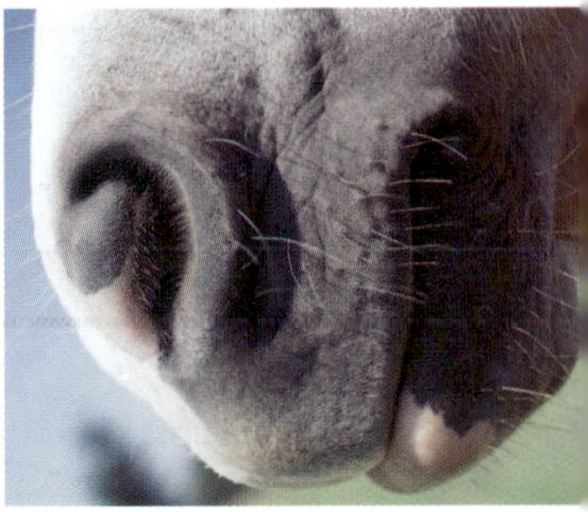

Bei einem gesunden Pferd sind die Nüstern sauber und nicht verklebt.

Der Tierarzt untersucht das Pferd ganz genau, bevor man sich zum Kauf entscheidet.

Zu einer Ankaufsuntersuchung gehören in der Regel folgende Punkte: der Ernährungszustand des Pferdes, sein Verhalten, die Augen und Ohren, seine Haut und das Haarkleid, das Abtasten der Lymphknoten im Bereich von Kopf und Hals, die Schleimhäute, der Verdauungsapparat (Zähne, Maul, Darmgeräusche, Kotbeschaffenheit), Herz und Kreislauf (also Rhythmus, Herztöne, Nebengeräusche, Halsvenen), die Atmung (z. B. Nasenausfluss oder Husten), das Nervensystem (Reflexe und Bewegungen), der Harn- und Geschlechtsapparat sowie die Muskeln und der Bewegungsapparat (in der Ruhe und in der Bewegung). Der Tierarzt kann natürlich mit dieser Ankaufsuntersuchung nur den gegenwärtigen Gesundheitszustand des Pferdes feststellen. Die letztendliche Kaufentscheidung muss man allerdings selber fällen ...

Wenn man nun einen kompetenten Berater zum Pferdekauf hat, kann man zu einem Händler gehen, zu einem Rassezüchter oder in den Kleinanzeigen der Pferde-Fachzeitschriften suchen.

Sucht man in Zeitungsannoncen nach einem Pferd, so handelt es sich meistens um Privatpferdehalter, bei denen es in der Regel immer nur ein Pferd zum Anschauen gibt. Da man für diese Art des Pferdekaufes reichlich Geduld aufbringen sowie viele Anzeigen durchsuchen muss und zu vielen verschiedenen Menschen fährt, kostet dies schnell einiges an Zeit und Benzingeld. Nicht immer stimmen die Eigenschaften des angepriesenen Pferdes mit dem überein, was man sich zuvor erhofft oder der Anbieter angepriesen hatte. Dann war der weite Anfahrtsweg zu diesem Pferd umsonst. Es empfiehlt sich daher, sich an einem Wochenende eine Route mit mehreren interessanten Angeboten zusammenzustellen, bevor man sich auf den Weg macht.

Bevor man ein Pferd kauft, sollte man es ausgiebig Probe reiten.

Ein Pferdezüchter hingegen bietet mehr Auswahl. Und er weiß einiges über das Pferd, für das man sich interessiert. Er kennt sogar die Elterntiere und natürlich auch die Geschwister. Somit kann er abschätzen, welche Eigenschaften sich vielleicht vererbt haben und für was und wen sich das Pferd besonders gut eignet. Ein guter Züchter hat auch meist genau darauf geachtet, dass das Pferd gesund ist und artgerecht großgezogen wurde. Leider kann ein Züchter in den meisten Fällen nur ungerittene Jungpferde anbieten. Ein Pferd vom Züchter muss man daher in der Regel selbst noch ausbilden lassen, aber dafür hat es dann hoffentlich auch keine Vorerkrankungen, die vielleicht durch falsche oder zu frühe Belastung entstanden sind. Hat man sich bereits für eine bestimmte Rasse entschieden, lohnt es sich meist zu einem Züchter zu gehen – vorausgesetzt man kann noch Zeit und Geld in die Ausbildung des Pferdes investieren.

Ein Anfängerpferd muss besonders ruhig und zuverlässig sein.

Ein Pferdehändler bietet einem sicher die größte Auswahl an unterschiedlichen Pferden. Der Händler kennt allerdings die einzelnen Pferde noch nicht so gut, er weiß nicht viel über ihren Charakter, ihre Vorlieben oder auch ihre früheren Krankheiten zu berichten. Man hat es also etwas schwerer, sich richtig über das Pferd zu informieren. Dafür kann man an einem einzigen Termin meist mehrere unterschiedliche Pferde anschauen und Probe reiten. Bei einem Händler ist die Auswahl sicherlich groß, aber man sollte immer darauf achten, dass der Händler seriös ist. Mund-zu-Mund-Propaganda ist da sicher keine schlechte Möglichkeit, um zu erfahren, welcher Händler einwandfrei berät: Wer bereits ein gesundes Pferd erstanden hat und dabei vorbildlich beraten wurde, kann vielleicht einen guten Händler empfehlen.

Pferdekaufrecht und Equidenpass

Wer trotzdem Sorge hat, bei einem Händler oder Züchter, mit dem andere Reiter bereits gute Erfahrungen gemacht haben, ein Pferd zu kaufen, der lasse sich die gewünschten Eigenschaften vertraglich zusichern. Denn nach den allgemein gültigen Gesetzen zum Pferdekauf ist der Pferdekäufer relativ gut abgesichert.

Nach dem Pferdekaufrecht handelt es sich bei dem Verkauf eines ausgebildeten Reitpferdes um den Verkauf einer gebrauchten Sache, und die muss frei von so genannten Sachmängeln sein. Wenn also vertraglich zugesichert wird, das Pferd sei „gesund“ oder beispielsweise bis zu einer bestimmten Dressurklasse ausgebildet, dann müssen diese Eigenschaften auch erfüllt sein. Sind die Vereinbarungen nicht erfüllt, so hat man als Käufer das Recht zur Wandlung, also das Recht, den Kaufvertrag rückgängig zu machen.

Ein gesundes Pferd hat glänzendes Fell und ist leistungsbereit.

Dabei sollte man natürlich kein Pferd einfach spontan kaufen und hoffen, es bei Nichtgefallen zurückgeben zu können: Denn ein Pferd ist ein Lebewesen, das man vielleicht schon sehr lieb gewonnen hat, bis man feststellt, dass es den Erwartungen nicht genügt. Deshalb sollte man lieber länger suchen und ein Pferd ganz in Ruhe mehrmals ausprobieren, statt auf ein Recht zur Wandlung zu hoffen. Außerdem ist auch die Rechtsprechung keine Garantie für eine erfolgreiche Wandlung eines Kaufvertrags, also für die Möglichkeit zur Rückgabe eines Pferdes. Im Zweifel kann man nämlich lange vor Gericht streiten, ob und wann eine Eigenschaft erfüllt ist. Und überhaupt: Was ist ein Mangel bei einem Pferd? Das ist sicherlich manchmal recht schwierig festzustellen!

Der Traum aller Freizeitreiter: Diese vier haben sich gesucht und gefunden!

Die genannten Regelungen gelten jedoch nur beim Kauf bei einem gewerblichen Händler. Kauft man ein Pferd von einer Privatperson, so kann der Verkäufer die Verjährung verkürzen oder sogar ganz ausschließen. Sollte es zu einem Streitfall kommen, muss man deshalb häufig auch vor Gericht darüber streiten, ob der Händler wirklich ein Händler ist – und bis solche Fragen geklärt sind, gehen eventuell viele Monate ins Land. Deshalb sei hier nochmals darauf hingewiesen, dass man beim Pferdekauf wirklich sorgfältig prüfen muss, was man sich für ein Pferd kauft. Auf keinen Fall darf es dazu kommen, dass ei-

nen die große Auswahl bei einem Händler spontan dazu verleitet, irgendein Pferd zu kaufen, weil man ja schon so oft umsonst unterwegs war und nun endlich eines erwerben möchte oder eines, das einem gerade ausgesprochen gut gefällt, aber dem man reiterlich nicht gewachsen ist. Ein falscher Kauf, eine Fehlentscheidung wird meist teuer und ist sehr frustrierend! War man beispielsweise eigentlich auf der Suche nach einem schicken Dressurpony und kommt dann mit einem gemütlichen, dicken Geländepony zuhause an, wird man sicherlich schnell keine Lust mehr haben, dieses arme Pferd zu reiten. Von Mitleidskäufen ist übrigens noch dringender abzuraten. Sie verursachen nur hohe Tierarztkosten, und solche Pferde werden in der Regel nie richtig reitbar – ja sicher, es gibt Ausnahmen und Fälle, in denen aus dem halb verhungerten Fohlen noch ein stolzes Turnierpferd wurde, aber viel häufiger lassen sich Mängel in der Aufzucht oder vorangegangene Verletzungen nie wieder auskurieren, und der Mitleidskauf endet als Dauerpflegefall.

Wenn man sich erst einmal mag, gibt man das Pferd nicht wieder her!

Wenn einem ein Pferd wirklich gefällt, sollte man nach den Papieren fragen. Das sind zum einen der Abstammungsnachweis und zum anderen der Equidenpass. Einen Abstammungsnachweis hat nur ein Pferd, dessen Herkunft von einem Zuchtverband anerkannt ist, einen Pferde- oder Equidenpass muss aber jedes Pferd in Europa besitzen – ganz egal, ob es sich um einen edlen Araber mit einer nachgewiesenen Abstammung bis zum Pferd des Propheten Mohammed handelt oder ein Pony, dessen Vater sich einfach über den Weidezaun davongemacht hat.

Dieser Fuchs hat einen Stern und eine Schnippe.

Der Equidenpass dient der Identifikation eines Pferdes: Er enthält eine von einem zugelassenen Tierarzt unterzeichnete Zeichnung von den Haarwirbeln und den Abzeichen des Pferdes, also von seinen unveränderlichen Kennzeichen. Dazu gehört auch, dass das Pferd gekennzeichnet sein muss, entweder mit einem Brandzeichen oder mit einem Chip mit einer individuellen Identifikationsnummer. Solch ein Chip kann von einem Tierarzt mit einer etwas dickeren Spritze unter der Haut platziert und jederzeit mit einem Lesegerät gelesen werden.

Im Equidenpass steht jedoch noch eine weitere Nummer, die Lebensnummer des Pferdes. Diese Nummer wird europaweit jeweils nur ein einziges Mal vergeben. Anhand dieser Lebensnummer kann man beispielsweise erkennen, in welchem Jahr das Pferd geboren wurde: Ein Pferd, dessen Lebensnummer mit 98 endet, wurde also im Jahr 1998 geboren. Eventuell ist auch der Abstammungsnachweis hinterlegt, sofern das Pferd über einen solchen verfügt. Im Equidenpass sind zusätzlich alle Impfungen eingetragen, die das Pferd bekommen hat. Bei Turnierpferden steht auch die Turnierpferdeeintragung der Deutschen Reiterlichen Vereinigung (FN) im Pass. Die verschiedenen Equidenpässe sind

So sieht ein Equidenpass der Deutschen Reiterlichen Vereinigung (FN) aus.

übrigens nicht alle gleich: So stellt der Verband für Züchter des arabischen Pferdes Pässe in schwarzen Mappen und mit grünen Blättern aus, während beispielsweise die Deutsche Reiterliche Vereinigung eine grüne Mappe mit weißen Blättern verwendet.

Ein Traumpferd: Ein junger Vollblutaraber, mit dem man viel erleben kann!

PFERDEHALTUNG

Artgerechte Haltung

Wer nun ein Pferd erstanden hat, muss wissen, wie es artgerecht leben kann und wie er es richtig versorgt. Dazu muss man wissen, wie viel Bewegung Pferde benötigen, aber auch, was sie fressen. Und natürlich gehört die Pferdepflege für jeden Pferdehalter oder Reitschüler von Anfang an dazu.

Wenn ein Pferd in einer Box gehalten wird, benötigt es ausreichend Licht und Luft.

Es gibt verschiedene Möglichkeiten, Pferde zu halten. Eine davon ist die geschlossene Box in einem Stall, die der Körpergröße des Pferdes angemessen sein muss. Als Faustregel für die Grund-

Artgerecht, das heißt immer genügend Auslauf zu haben!

fläche gilt: (2 x Widerristhöhe)^2. Wenn ein Pferd in einer Box lebt, dann ist es sehr wichtig, dass es sich dennoch mit seinem Nachbarn beschnuppern kann und nicht völlig isoliert ist – schließlich sind Pferde Herdentiere! Außerdem muss jedes Pferd selbstverständlich mehrere Stunden am Tag aus der Box herausgelassen werden und die Möglichkeit zum Freilauf erhalten – am besten gemeinsam mit anderen Pferden. Denn für die ehemaligen Steppenbewohner ist es nicht natürlich, den ganzen Tag auf wenigen Quadratmetern zu stehen. Die Möglichkeit zum Auslauf sollten Pferde auch wirklich jeden Tag und bei jedem Wetter bekommen: Kälte macht ihnen viel weniger aus als uns Menschen.

Die geschlossenen Boxen gibt es auch mit einem Auslauf davor, das sind dann so genannte Paddock-Boxen. Diese Paddocks sind mit einer festen Umzäunung versehen und etwa ebenso groß wie die Boxen selber. Durch sie kommen die Pferde an die frische Luft, können umherschauen und sich mit anderen Pferden beschnuppern. Diese Paddocks sind allerdings zu klein, um sich richtig auszutoben, daher müssen auch Pferde, die in Paddock-Boxen leben, zusätzlich täglich genügend Auslauf haben.

Eine beliebte und artgerechte Alternative sind Offenställe, die den Pferden ausreichende Bewegungsmöglichkeiten und den nötigen Sozialkontakt bieten. In einem Offenstall laufen meist vier bis sechs Pferde frei in einem Stallgebäude und einem befestigten Auslauf. Manchmal ist dieses Stallgebäude nur ein einfacher Unterstand, der an drei Seiten geschlossen ist. Der große Vorteil eines Offenstalls ist dabei, dass die Pferde jederzeit die freie Wahl haben, ob sie in den Stall gehen oder nicht, ob sie dösen oder rennen wollen. Damit ein Offenstall tatsächlich artgerecht ist, darf die Pferdegruppe nicht zu groß sein, sonst gibt es zu viele Rangeleien unter den Tieren. Ebenso muss der Platz im Stall für alle ausreichen und genügend Raum bieten, um dem Herdenchef einmal aus dem Weg gehen zu können.

Ausreichend Heu ist wichtig für eine artgerechte Pferdehaltung.

Für uns Menschen ist ein Offenstall allerdings etwas arbeitsintensiver, weil man einen großen Auslauf säubern muss. Ein weiterer Nachteil ist die höhere Gefahr einer Verletzung bei Pferden, die zusammen wohnen. Denn eine im Spiel entstandene kleine Schramme in der Sattellage kann ein Reitpferd für ein paar Wochen außer Gefecht setzen, und die lange geplante Turnierteilnahme fällt so ins Wasser.

Ganz wichtig bei der Pferdehaltung ist die artgerechte Fütterung: Da Pferde in der freien Natur etwa 16 Stunden am Tag mit der Nahrungssuche und -aufnahme beschäftigt sind, müssen sie auch in unserer Obhut re-

gelmäßig gefüttert werden. Raufutter, also Gras, Heu oder Stroh, sollte ihnen möglichst den ganzen Tag zur Verfügung stehen oder zwei- bis dreimal täglich ausreichend gefüttert werden. An frisches Wasser sollten die Pferde ebenfalls immer gelangen können, und

Auch in einer Gruppe müssen alle Pferde ausreichend Heu bekommen.

Kraftfutter wie Hafer oder Gerste sollten Pferde möglichst drei- bis viermal täglich zu festen Zeiten erhalten. Ein etwa 600 Kilogramm schweres Warmblutpferd, das täglich geritten wird, benötigt etwa drei bis sechs Kilogramm Kraftfutter, fünf Kilogramm Heu, ein Kilogramm Hafer- oder Weizenstroh und natürlich Mineralstoffe und Vitamine. Zusätzlich kann es noch etwa zwei Kilogramm Gras, Silage oder Möhren bekommen. Am Tag braucht so ein Warmblutpferd zwischen 40 und 70 Liter Wasser. Diese Werte schwanken natürlich, beispielsweise trinken Pferde bei sehr heißem Wetter mehr.

Etwa alle acht Wochen muss ein Hufschmied die Hufe korrigieren.

Die richtige Pflege

Zum Reiten gehört natürlich auch die Pferdepflege, denn schon jeder Reitschüler muss sein Pferd putzen können. Bevor man ein Pferd säubern kann, muss man es natürlich aufhalftern und anbinden.

Man führt immer von links und geht neben der Pferdeschulter.

Bevor man ein Pferd aus einer Box holt, spricht man es an. Falls es mit dem Hinterteil in Richtung Tür stehen sollte, lockt man es, damit es sich umdreht und sich nicht erschrickt. Dann stellt man sich links neben den Pferdekopf, legt erst den Führstrick, der an dem Halfter befestigt ist, über den Pferdehals, greift mit dem rechten Arm um den Pferdekopf und hält ihn vorsichtig fest. Nun kann man den oberen Teil des Halfters über den Pferdekopf ziehen und das Halfter mit dem Karabinerhaken am Kehlriemen schließen.

Erst nimmt man vorsichtig den Pferdekopf und dann zieht man das Halfter von links auf.

Jetzt wird das Pferd mit einem Sicherheitsknoten an einem sicheren Platz angebunden, das heißt, es muss so festgebunden werden, dass man es im Notfall – das Fluchttier Pferd erschrickt manchmal recht schnell – augenblicklich wieder befreien kann. Ein sicherer Putzplatz verfügt über einen rutschfesten und ebenen Untergrund und weist keine scharfen Kanten oder herumstehendes Material auf. An so einem Platz kann man ein Pferd in Ruhe gründlich putzen, ohne befürchten zu müssen, dass es irgendwo dagegen stößt oder hängen bleibt und sich erschrickt oder sogar verletzt.

Folgende Seite: Ein Pferd putzt man von vorne nach hinten: Man fängt also am Hals an und endet auf der Kruppe.

Das Putzen dient nicht nur der Fellpflege, sondern auch der Kontaktaufnahme zum Pferd. Zusätzlich kontrolliert man das Pferd beim Putzen immer auf kleinere Verletzungen oder Schrammen. Zum Säubern eines Pferdes benötigt man einen Striegel aus Kunststoff oder Gummi, einen Noppen- oder Massagestriegel, eine Wurzelbürste, eine Kardätsche, eine Mähnenbürste oder Mähnenkamm, mehrere Schwämme sowie einen Hufkratzer mit Bürste.

Als Erstes wird das Pferd vom groben Dreck befreit. Mit dem harten Striegel putzt man natürlich nur die weichen Stellen des Pferdes: den Hals, den Bauch und die Kruppe. Stellen, an denen die Knochen direkt unter der Haut zu fühlen sind, also am Kopf, an den Beinen und an der Wirbelsäule, werden vorsichtig mit einer Wurzelbürste gereinigt. Mit der weichen Kardätsche säubert man den Kopf und bürstet noch einmal mit langen Strichen über das gesamte Fell. Dabei nimmt man den Staub aus dem Pferdehaar und sorgt dafür, dass das Pferd nach dem Putzen richtig glänzt. Mit den zwei Schwämmen säubert man die Nüstern beziehungsweise den Genitalbereich.

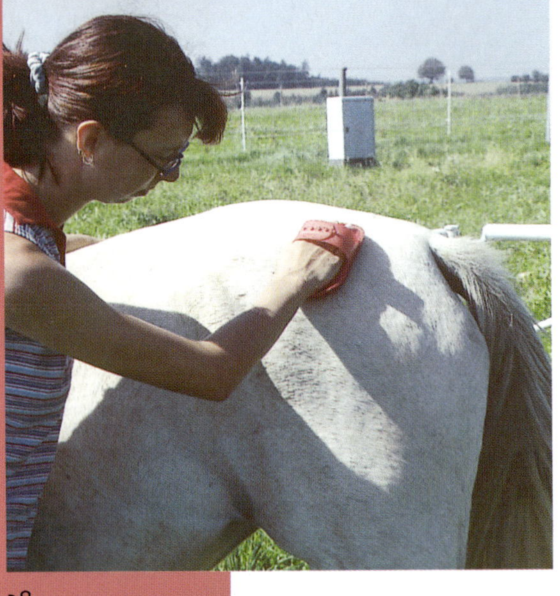

Damit der Schweif richtig sauber wird, kann man ihn auch mit Shampoo waschen.

Wenn man den nassen Schweif flechtet, dann ist er am nächsten Tag schön wellig.

Nun fehlen noch Mähne und Schweif: Die Mähne kann man, je nach Länge, kämmen oder bürsten. Der Schweif wird mit der Hand gepflegt; dazu nimmt man die Haare und entwirrt sie mit den Fingern. Würde man den Schweif bürsten, so würde man viel zu viele Haare ausreißen. Ist ein Pferd besonders verschmutzt, oder soll es zum Beispiel für ein Turnier hübsch gemacht werden, kann der Schweif auch gewaschen werden. Den Schweif zu reinigen ist ganz einfach: Man macht ihn gründlich nass, shampooniert ihn mit einem Pferdeshampoo und wäscht ihn anschließend gründlich aus. Wenn man den nassen Schweif dann noch flechtet, ist er am nächsten Tag schön wellig.

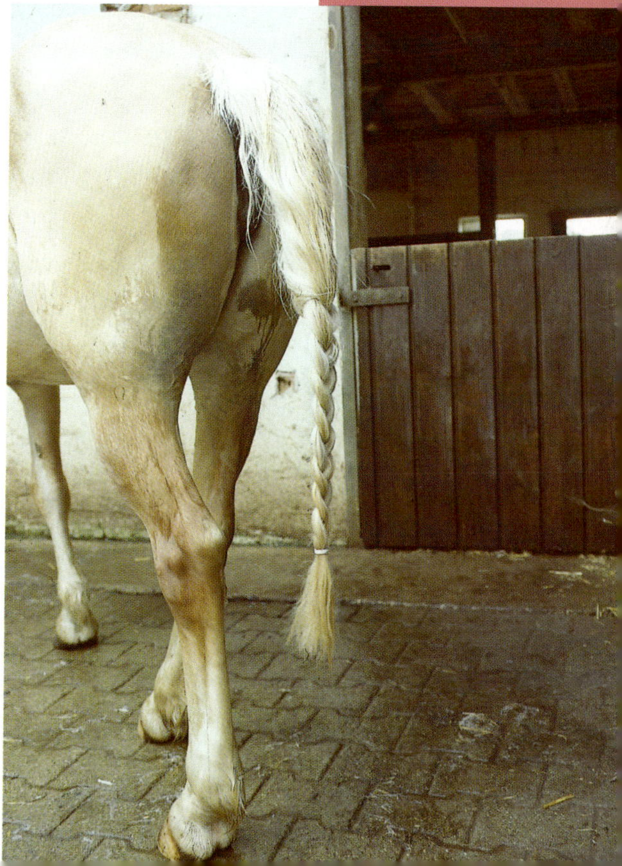

Bei diesem Vorderhuf kann man sehr schön den Strahl und die Strahlfurchen sehen.

Den Hinterhuf nimmt man auf, indem man unten an das Pferdebein fasst.

Ebenfalls zum Reiten und Putzen gehört das Auskratzen der Hufe. Sie müssen mindestens einmal täglich kontrolliert werden. Dabei prüft man, ob sich Steine oder Holzstückchen im Pferdehuf festgesetzt haben. Auch die Hufeisen werden bei dieser Gelegenheit kontrolliert, und man schaut, ob sich etwa ein Nagel gelockert hat. Da die Hufe von Pferden ständig nachwachsen und sich meist noch dazu durch die Belastung beim Reiten ungleichmäßig ablaufen, müssen sie regelmäßig vom Hufschmied kontrolliert und abgeraspelt werden.

Zum Auskratzen der Hufe tritt man seitlich an das Pferd heran, stellt sich mit dem Blick nach hinten auf, beugt sich hinunter und umfasst mit der inneren Hand das Bein des Pferdes möglichst weit unten. Dazu sagt man laut und deutlich „Fuß" oder „Huf". Sollte das Pferd den Huf nicht gleich anheben, so kann man ruhig ein wenig an dem Bein ziehen oder mit der Hand dagegen klopfen. Sobald das Pferd den Huf angehoben hat, hält man den Pferdefuß an der Fessel fest und reinigt mit einem Hufkratzer vorsichtig den Huf.

Auf dem Reiterhof

Reiten lernt man am besten dort, wo alle wichtigen Kriterien für eine gute Reitschule erfüllt sind: die Stallanlage ist pferdegerecht, die Schulpferde sind gesund und gepflegt, der Reitlehrer ist kompetent und gut ausgebildet und die Mitreiter, die sind natürlich nett und aufgeschlossen.

Eine pferdegerechte Stallanlage beinhaltet Boxen, die groß genug, hell und sauber sind. Die Einstreu, die aus Stroh oder Sägespänen bestehen kann, ist sauber und die Pferde können sich beschnuppern und haben regelmäßig ausreichend Freilauf. Gesunde und gepflegte Schulpferde erkennt man daran, dass ihr Fell glänzt, keine Rippen zu sehen sind, der Hufbeschlag in Ordnung ist und die Pferde keine unversorgten Verletzungen beziehungsweise gar

Das macht einen guten Eindruck: gepflegte Pferde auf einer Koppel

Sattel- oder Gurtdruck aufweisen. Natürlich sehen Pferde, die im Winter viel draußen gehalten werden, nicht immer auf den ersten Blick sauber und ordentlich aus. Ihr Fell ist lang und bisweilen richtig zottelig – aber nach einem genüsslichen Schlammbad darf ein Pferd schon mal richtig dreckig sein. Nur sollte das Pferd so voller Schmutz niemals gesattelt werden, denn der Dreck würde scheuern und offene Stellen verursachen.

Schulpferde müssen jedoch nicht nur gesund, sondern auch gut ausgebildet sein. Sie haben durchaus keine leichte Aufgabe zu erfüllen: Immer wieder mit Reitanfängern, die ihnen vielleicht etwas grob in den Rücken fallen oder aus Versehen zu stark am Zügel ziehen, möglichst willig alle Hilfen zu befolgen und Runde um Runde in der Reithalle zu drehen – das ist kein leichter Job. Um da nicht unwillig oder stur zu werden, müssen Schulpferde zunächst richtig ausgebildet sein, denn nur so können Reitanfänger von ihnen die korrekten Reiterhilfen lernen, und dieser Ausbildungsstand muss immer wieder gepflegt werden. So müssen die

Eine gute Reitlehrerin nimmt sich für jeden Schüler Zeit.

Pferde regelmäßig von einem erfahrenen Reiter Korrektur geritten werden und benötigen unbedingt einen Ausgleich zu ihrem anstrengenden Leben als Schulpferd: ausreichender Weidegang ist deshalb auch für Schulpferde ein Muss.

Wenn die Schulpferde gut gepflegt sind und auch gut gehalten werden, dann muss natürlich noch der Reitlehrer freundlich und kompetent sein und sollte eine anerkannte Ausbildung haben. In Deutschland sind die folgenden Ausbildungen der Deutschen Reiterlichen Vereinigung anerkannt: Pferdewirt, Pferdewirtschaftsmeister und Amateurausbilder (Trainer C, B und A). Aber natürlich nutzt auch die beste Ausbildung nichts, wenn der Reitlehrer einmal schlecht gelaunt ist oder keine genauen Erklärungen abgibt. Deshalb sollte man immer darauf achten, dass er möglichst alle Fragen beantwortet und einem so hilft, die Reiterhilfen verstehen zu lernen.

Damit man sich auf einer Reitanlage wirklich wohl fühlt, muss selbstverständlich auch das Drumherum stimmen: dies kann ein gemütliches Reiterstübchen zum Quatschen sein, aber auch ein Getränkeautomat, mit dessen Hilfe man sommers wie winters den Durst löschen kann, oder eine Duschmöglichkeit für diejenigen, die vielleicht nach dem Reiten gleich wieder sauber und frisch sein möchten. Eine Reithalle gehört ebenfalls zur Ausstattung, die einem das Reiten lernen leichter und angenehmer macht. Auch wenn es im Sommer meist schöner ist, draußen zu reiten, an einem richtig regnerischen, stürmischen Novembertag ist eine Halle mit Dach doch wirklich angenehmer! Was einem hierbei am wichtigsten ist, das muss jeder individuell für sich entscheiden. Eine freundliche und offene Stimmung im Stall ist aber praktisch für jeden von großer Bedeutung. Da Reiter in der Regel gesellig und gesprächig sind, findet man eigentlich immer jemanden, der einem als Neuling weiter hilft. Wenn nicht, nun, dann sollte man sich lieber nach einem anderen Reitstall umsehen ...

WAS MAN ZUM REITEN BRAUCHT

Ausrüstung für das Pferd

Eigentlich heißt der Spruch ja „Ohne Huf kein Pferd!“, aber ohne Sattel gibt es auch kein Reitpferd. Zu einem Reitpferd gehören ein passender Sattel und Zaumzeug sowie eigenes Putzzeug. Das gilt übrigens nicht nur für Privat-, sondern auch für Schulpferde.

Dieser Sattel liegt richtig und passt gut auf die kleine Stute.

Zu jedem Reitpferd gehören Sattel und Trense. Ein Sattel muss ganz genau an ein Pferd angepasst sein: Sonst drückt er eventuell an der Schulter oder liegt auf dem Widerrist auf, was für ein Pferd äußerst schmerzhaft ist. Wenn man also ein Schulpferd zum Reiten bekommt, sollte man immer darauf achten, ob es auch den passenden Sattel trägt, ansonsten kommt es unweigerlich zum Satteldruck. Das sind offene Stellen auf dem Pferderücken. So ist es auch unverantwortlich, ein Pferd mit einem offenen Satteldruck weiter zu reiten, da das Pferd beim Reiten dann Schmerzen hat. Einen bereits verheilten Satteldruck erkennt man übrigens daran,

So sieht ein verheilter Satteldruck aus, der durch einen zu engen Sattel verursacht wurde.

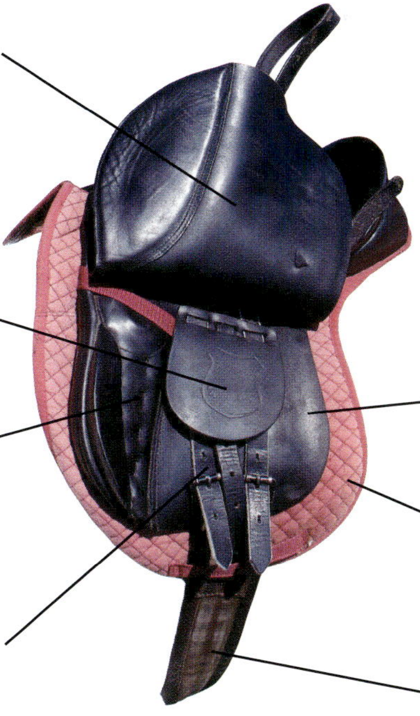

Dies sind die Bestandteile eines Vielseitigkeitssattels.

dass an dieser Stelle viele weiße Haare nachgewachsen sind. Jedoch muss an dieser Stelle nicht immer eine offene Wunde gewesen sein, auch ein zu enger Sattel kann allein durch zu starken Druck weiße Haare verursachen.

Ein Sattel muss daher immer an ein Pferd angepasst sein und kann nicht einfach durch dicke Decken angeglichen werden. Aber woran erkennt man, ob ein Sattel tatsächlich passt? Man legt den Sattel ohne Satteldecke vorsichtig auf den Pferderücken und prüft, ob der Sattel gleichmäßig auf dem Rücken aufliegt. Er sollte nicht wackeln oder kippeln oder gar in der Mitte der Auflagefläche, dem Sattelpolster, hohl aufsitzen. Selbstverständlich darf der Sattel auf gar keinen Fall auf der Wirbelsäule des Pferdes aufliegen, denn dann verursacht er Rückenschmerzen und offene Wunden.

Ein ausgebildeter Sattlermeister oder ein Reitsportfachhändler kann die Sattellage am besten überprüfen und beim Kauf eines Sattels beraten. Da sich viele Pferde im Lauf der Zeit körperlich verändern – Muskeln und Speck in der Sattellage können sich je nach Bewegung und Futtermenge deutlich unterschiedlich entwickeln – sollte ein Sattel auch veränderbar und neu anpassbar sein. Ein guter Sattel muss übrigens nicht immer neu sein, man kann bei vielen Händlern auch gute gebrauchte Sättel erwerben.

Eine Satteldecke mit Lammfell ist besonders angenehm für das Pferd.

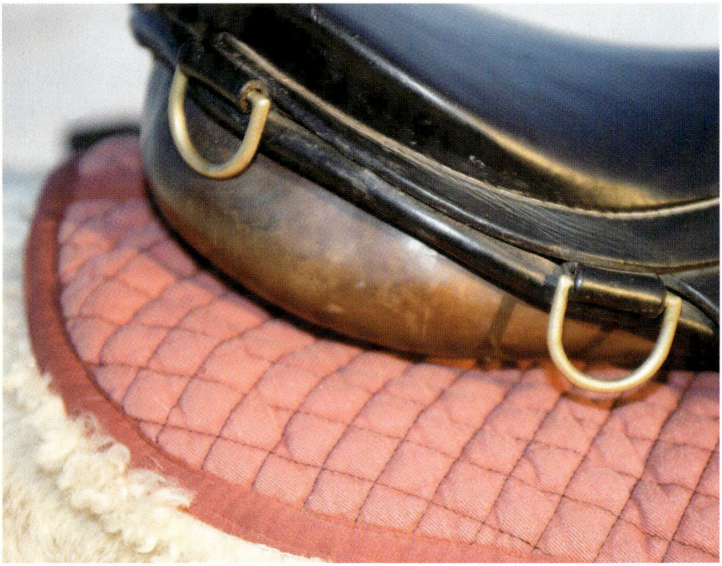

Eine passende Trense für ein Pferd zu bekommen ist dagegen viel einfacher: Eine Trense kann man nämlich verstellen. Wenn sie im Großen und Ganzen für das jeweilige Pferd geeignet ist, das Pony also eine Ponytrense trägt, der Vollblüter und der Haflinger eine Vollbluttrense und der Warmblüter eine in der Größe Warmblut, so kann man dann noch die Einzelteile individuell einstellen. Allerdings sollte man immer darauf achten, dass das Gebiss sowohl von der Länge als auch von der Dicke her auf das Pferd abgestimmt ist. Ein zu schmales Gebiss klemmt beispielsweise die Maulwinkel ein, und ein zu dünnes Gebiss kann zu scharf sein: Je

dünner so ein Gebiss ist, desto stärker wirkt es auf das Pferdemaul ein. Das heißt nun aber nicht, dass ein möglichst dickes Gebiss immer das beste Gebiss für jedes Pferd ist! Gerade kleinere Pferde mit einem kleinen Maul und einer kurzen Maulspalte empfinden ein dickes Gebiss schnell als unangenehm.

Das passende Sattelzeug und die Trense müssen selbstverständlich regelmäßig gepflegt werden. Dazu wäscht man sie mit einem leicht feuchten Schwamm oder Tuch und spezieller Sattelseife ab. Eventuell kann man sie auch mit ein wenig Lederfett einreiben. Lederöl darf man dagegen nicht zu häufig anwenden, sonst quillt das Leder auf und wird weich und schwammig.

Nach dem Reiten benötigt das Pferd besonders im Winter eine Abschwitzdecke.

Ausrüstung für den Reiter

Reiten ist teuer – ein Sport für Reiche. Das hört man immer wieder, aber das ist überhaupt nicht wahr und muss auch gar nicht sein: Die Ausrüstung für den Reiter ist nicht so unbezahlbar, wie man denkt. Vor allem am Anfang genügen meist ganz einfach Dinge, die fast jeder sowieso zuhause hat.

Natürlich kann man aber nicht an allen Ecken und Enden sparen, ein Reithelm ist unverzichtbar. Ein Reithelm beziehungsweise eine Reitkappe schützt den Reitanfänger ebenso wie den fortgeschrittenen Reiter. Er muss eine Dreipunkt-Befestigung haben,

damit der Helm im Falle eines Sturzes nicht verrutscht. Ein zu weiter Helm rutscht womöglich bei einem Sturz auf die Nase oder ins Genick hinunter. Ebenso ist es selbstverständlich, dass eine Reitkappe sicherheitsgeprüft sein muss und ein entsprechendes Prüfsiegel aufweist. Kommt es wirklich einmal zu einem Sturz, so muss die Kappe anschließend zur Sicherheit ausgetauscht werden.

Zum Reiten gehört immer eine Reitkappe.

Eine Reithose dient vor allem der Bequemlichkeit und ist für die ersten Reitstunden noch nicht unbedingt notwendig. Das Besondere an einer Reithose ist, dass sie keine Nähte an den Innenseiten der Oberschenkel hat, die beim Reiten scheuern könnten. Durch den Besatz mit Leder oder Kunstleder am Knie oder am Gesäß gibt sie dem Reiter auch zusätzlichen Halt. Anstelle der üblichen Stiefelhosen, die man mit Reitstiefeln trägt, gibt es noch Jodpurhosen, die von vornherein so geschnitten sind, dass man keine Stiefel benötigt. Sie reichen, genau wie unsere Jeanshosen, bis unten zum Fuß. Aber mit einer Jodpurhose rutscht man durch ihren Leder- oder Kunstlederbesatz nicht so im Sattel herum wie beispielsweise mit einer Jeanshose.

Den besten Halt beim Reiten geben jedoch die Reitstiefel, mit denen der Unterschenkel und das Fußgelenk viel ruhiger anliegen als in knöchelhohen Schuhen. Natürlich benötigt man als Reitanfänger noch nicht gleich richtige Lederreitstiefel, die meist recht

teuer sind. Sie rentieren sich erst, wenn man sich wirklich sicher ist, dass man nicht in einem halben Jahr wieder herausgewachsen sein wird. Gummireitstiefel sind genauso gut geeignet und wesentlich günstiger. Von dem gesparten Geld kann man ja noch ein paar Extra-Reitstunden nehmen!

Die weit verbreiteten Chaps aus Wild- oder Kunstleder sind sehr bequem, kostengünstiger als Reitstiefel und lassen sich problemlos mit knöchelhohen Schuhen kombinieren. Sie schützen das Bein vor Druck- und Scheuerstellen durch die Steigbügelriemen und geben auch ein wenig Halt beim Reiten, da sie rutschfester sind als die meisten Hosen. Ein weiterer Vorteil von Chaps ist, dass man nicht so schnell aus ihnen herauswächst.

Jodpurhosen sind sehr praktisch und besonders bei Freizeit- und Gangpferdereitern beliebt.

Und was trägt man oben herum? Praktisch und zweckmäßig – wie beispielsweise T-Shirts oder Sweatshirts – sollte es sein. Allerdings kann der Reitlehrer bei allzu weiter Kleidung den Sitz nicht richtig erkennen, weil dann alles flattert. Deshalb sind schlank geschnittene Westen zum Reiten sehr gut geeignet. Man kann unter ihnen alles tragen, vom T-Shirt bis zum Fleece-Pulli, und sich in ihnen optimal bewegen. Gute Reitwesten haben an den Seiten und/oder hinten Knöpfe. Diese Knöpfe kann man öffnen, wenn man im Sattel sitzt, dann stört die Weste nicht oder reißt gar unten auf. Darauf sollte man auch beim Kauf von Reitjacken achten.

Mit den passenden Handschuhen ist die Grundausrüstung des Reiters dann komplett. Handschuhe schützen die Hände nicht nur vor den ungewohnten Zügeln, sondern sie helfen einem auch, die Zügel besser greifen zu können.

Der Sattel wird auf den Pferderücken gelegt, ...

... Satteldecke zurecht rücken ...

... und den Gurt auf der linken Seite schließen.

REITEN LERNEN SCHRITT FÜR SCHRITT

Satteln und Auftrensen

Zum Reiten gehört ein gesatteltes Pferd. Aber wie bekommt man den Sattel aufs Pferd? Und dann noch die Trense richtig verschnallt? Das ist gar nicht so schwer, wenn man erst weiß, wie es geht!

Zum Satteln lässt man das Pferd zunächst noch am Halfter angebunden, sonst würde es womöglich davonlaufen. Man nimmt den Sattel auf den Arm, geht auf die linke Pferdeseite und hebt den Sattel vorsichtig auf das Pferd. Der Sattel wird etwas vor die Sattellage gelegt, etwa dorthin, wo der Widerrist ist, und sanft in die richtige Position geschoben. Sie befindet sich genau hinter der Schulter des Pferdes. Der Sattel darf nämlich nicht direkt auf der Pferdeschulter aufliegen, weil er sonst das Pferd beim Laufen behindern würde. Andererseits darf er aber auch nicht zu weit hinten liegen, da er dann auf die empfindliche Nierenpartie des Pferdes drückt. Außerdem wird der Sattel immer so aufgelegt, dass er in Wuchsrichtung der Haare zurechtgerückt werden kann. Niemals darf man ihn gegen die Richtung der Haare schieben, da ansonsten die Haare abknicken und es Druckstellen geben könnte.

Liegt der Sattel nun also auf der richtigen Stelle, geht man auf die rechte Seite und kontrolliert dort die Lage der Satteldecke beziehungsweise rückt sie vorsichtig zurecht. Anschließend nimmt man den Sattelgurt von der

rechten Seite aus vom Sattel, geht um das Pferd herum und schließt ihn vorsichtig. Zunächst wird der Gurt nur in das erste oder zweite Loch geschnallt. Würde man ihn gleich stramm anziehen, könnte das Pferd dadurch Sattelzwang bekommen – das ist eine panikartige Reaktion auf das Satteln. Man zieht den Sattelgurt deshalb immer erst richtig fest bevor man aufsteigt. Die richtige Lage des Sattels sollte man übrigens immer von einem erfahrenen Reiter oder Reitlehrer kontrollieren lassen.

Die Trense nimmt man mit der rechten Hand, legt das Gebiss ins Maul ...
... und schiebt das Genickstück sanft über die Ohren.
Die Schnallen der Trense werden von oben nach unten geschlossen.

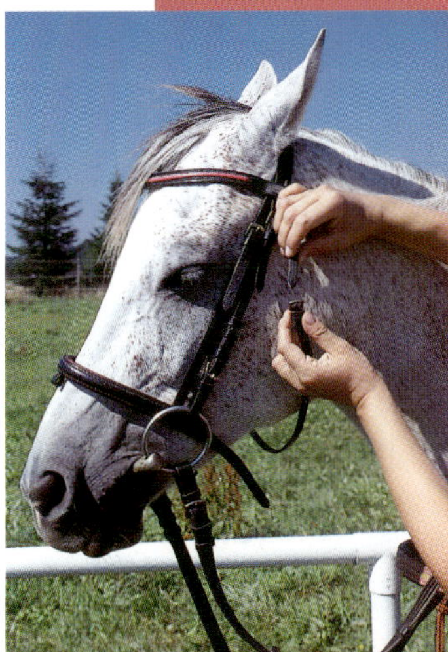

Sobald das Pferd nun gesattelt ist, kann es aufgetrenst werden. Zum Auftrensen in der Box legt man die Zügel über den Hals; und einem Pferd, das bereits am Halfter angebunden ist, kann man zusätzlich das Halfter um den Hals legen. Nun greift man von der linken Seite mit der rechten Hand vorsichtig um den Pferdekopf herum und hält ihn sanft fest, mit der gleichen Hand hält man die Trense etwa in der Mitte. Mit der linken Hand drückt man mit dem Daumen sanft in die Maulspalte des Pferdes und öffnet damit das Pferdemaul. Erst wenn es das Maul richtig geöffnet hat, schiebt man das Gebiss hinein. Mit der rechten Hand führt man das Genickstück über die Ohren, ohne diese einzuklemmen, und schließt die Trense von oben nach unten: Erst den Kehlriemen, sodass eine Handbreit zwischen Kehlriemen und Pferd passt, dann den Nasenriemen, sodass zwei Finger zwi-

schen Nasenriemen und Pferd passen, und zuletzt den Sperrriemen unter den ebenfalls noch zwei Finger passen müssen. Den Sitz der Trense muss man immer noch einmal mit einem Blick kontrollieren: Ist auch nichts schief? Ist der Schopf wirklich über den Stirnriemen gelegt? Sonst könnte womöglich ein Teil scheuern.

Nicht alle Nasenriemen sind gleich: Man unterscheidet üblicherweise vier verschiedene Reithalfter. Das kombinierte Reithalfter besteht aus einem Nasenriemen und einem Sperrriemen, der dafür sorgt, dass das Pferdemaul geschlossen bleibt, also nicht aufgesperrt wird. Das englische Reithalfter hat den gleichen Nasenriemen wie das kombinierte Reithalfter, der etwa zwei Finger unter dem Jochbein des Pferdes liegen soll. Aber es hat keinen extra Sperrriemen. Das englische Reithalfter verwendet man beim Reiten mit Kandare. Das mexikanische Reithalfter besteht dagegen aus einem dünneren Lederriemen, der in der Mitte des Nasenrückens zusammenläuft und sich dort kreuzt. Es verläuft ebenfalls um das Pferdemaul, sodass auch bei diesem Reithalfter das Pferdemaul mit einem Sperrriemen verschlossen wird. Das hannoversche Reithalfter hat nur einen Sperrriemen, der zwei Finger breit über den Nüstern des Pferdes und unterhalb vom Trensengebiss verschnallt wird. Dabei muss darauf geachtet werden, dass der Sperrriemen nicht zu dicht über den Nüstern sitzt, da das Pferd ansonsten Schwierigkeiten beim Atmen bekommen kann. Ein Reithalfter verhindert eigentlich immer, dass das Pferd sein Maul aufsperrt und sich somit den Zügelhilfen entzieht. Es überträgt aber auch einen Teil des Drucks, der durch das Gebiss entsteht, auf den Nasenrücken.

Die Einzelteile einer Wanderreittrense mit englischem Reithalfter

Der Unterricht beginnt

Geschafft: Das Pferd ist gesattelt und geputzt, nun kann man mit dem Reiten beginnen. Dafür muss das Pferd zunächst erklommen werden. Wie kommt man eigentlich hinauf? Und wie sitzt man richtig, wenn man oben ist?

Bevor man aufsteigt, zieht man den Sattelgurt richtig fest. Aber Vorsicht! Manche Pferde pumpen sich regelrecht auf, und man bekommt den Gurt gar nicht richtig fest. Deshalb sollte man immer noch einmal nachgurten, nachdem man ein paar Runden geritten ist. Zum Aufsitzen stellt man sich links neben das Pferd und nimmt beide Zügel in die linke Hand, so kurz, dass das Pferd nicht davonlaufen kann. Dann stellt man den linken Fuß in den linken Steigbügel, stößt sich vom Boden ab, schwingt das rechte Bein über den Sattel und lässt sich in den Sattel gleiten. „Gleiten" und bitte nicht in den Sattel plumpsen lassen, denn das tut dem Pferd weh! Einfacher für

Zum Aufsteigen links neben das Pferd stellen, ...

... in Richtung Schweif schauen und den Fuß in den Steigbügel stellen, ...

... vom Boden abdrücken und nach oben schwingen.

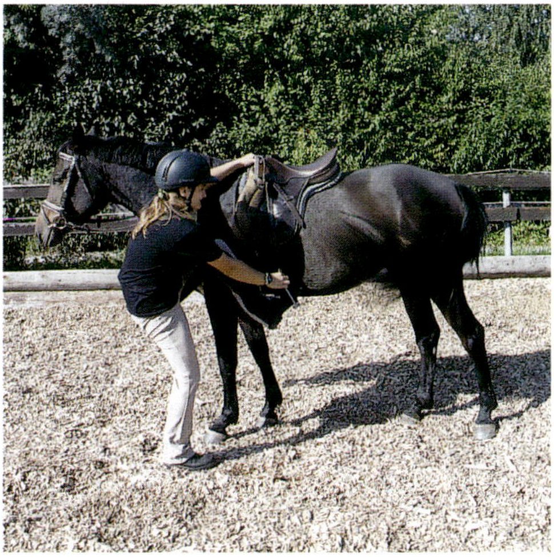

Pferd und Reiter ist es selbstverständlich, wenn man eine Aufsteighilfe benutzt. Das kann ein Kasten oder ein Cavaletti sein, einfach etwas, das nicht umfällt, sobald man sich darauf stellt.

Wenn man nun oben angekommen ist, nimmt man die Steigbügel auf. Die Steigbügel müssen zum Reiten natürlich die richtige Länge haben. Sie sollten so lang sein, dass das Bein mit einem leichten Knick im Knie locker am Pferdebauch herabhängt, das Knie sollte an der Sattelpausche liegen und der Unterschenkel kurz hinter dem Sattelgurt. Die Steigbügel können bereits vor dem Aufsteigen mit Hilfe einer Faustregel ungefähr auf die passende Länge eingestellt werden: Dazu misst man einfach den Steigbügelriemen auf die Länge des eigenen Armes ab, indem man die Hand oben an die Befestigung hält. Der Steigbügel müsste dann etwa bis zur eigenen Achselhöhle reichen.

Mit diesem Trick kann man schon vom Boden die Länge des Steigbügels ungefähr auf die passende Länge einstellen.

In einem zu langen Bügel verliert man leicht den Halt, dagegen führt ein zu kurzer Steigbügel dazu, dass man verkrampft auf dem Pferd sitzt und nicht mehr mit lockerem, gestreckten Bein das Pferd vorwärts treiben kann. Wenn man bereits im Sattel sitzt und die Bügellänge nicht richtig ist, dann nimmt man den Fuß aus dem Bügel, legt das Bein nach vorne vor den Sattel und verstellt den Bügelriemen einfach von oben.

Man ist nun oben, die Länge der Steigbügel ist richtig eingestellt – aber wie sitzt man jetzt sicher und bequem auf einem Pferd? Als Faustregel kann man sich merken: Schulter, Hüfte und Absatz bilden eine

gerade Linie. Dazu setzt man sich mit dem Hinterteil ganz gerade und mittig in den Sattel, sodass beide Gesäßknochen gleichmäßig zu spüren sind. Dann richtet man den Oberkörper auf, so als wenn der Kopf gerade nach oben gezogen werden würde. Achtung, dabei bitte kein Hohlkreuz machen! Die Oberarme hängen gerade am Oberkörper herunter, der Ellbogen ist am Körper, und die Unterarme werden so gehalten, dass die Fäuste aufrecht stehen und sich eine Handbreit über dem Widerrist des Pferdes befinden. Ellbogen, Handgelenk und Trensenring am Gebiss des Pferdes bilden eine Linie. Die Hände sollen dabei aufrecht und locker getragen werden, nur dann kann eine Zügelhilfe ganz fein und vorsichtig gegeben werden. Daher darf man die Hände nicht nach außen verdrehen und damit das Handgelenk steif machen oder sogar die Hände mit dem Handrücken nach oben drehen, denn dann wird die Zügelhilfe ruckartig und verkrampft und kann dem Pferd sogar im Maul weh tun.

So sieht ein korrekter Dressursitz aus.

Die Beine liegen entspannt am Sattelblatt, der Unterschenkel ruht direkt hinter dem Sattelgurt und die Absätze bilden den tiefsten Punkt. Nun kann man den Sitz in Ruhe immer wieder selbst korrigieren: Ist der Rücken noch aufgerichtet oder fällt man vorne über? Sind die Hände noch über dem Widerrist oder hat man sie in Richtung Bauch und Oberschenkel gezogen? Sind die Unterschenkel noch am Gurt oder hat man etwa die Beine hochgezogen und klammert sich am Pferd fest? Zeigen die Fußspitzen gerade nach vorne oder hat man sie nach außen gedreht?

Will man nun anreiten, spannt man das Kreuz an und drückt die Unterschenkel an das Pferd. Bei manchen Pferde genügt zum Anreiten das Anspannen des Kreuzes, so als wenn man das Pferd nach vorne schieben würde, andere Pferde benötigen etwas mehr Druck mit den Schenkeln oder gar einen leichten Klaps mit der Gerte. Sobald sich das Pferd bewegt, gerät der Sitz häufig ganz schnell wieder durcheinander. Deshalb bitte nicht vergessen: Ruhig durchatmen und Oberkörper, Arme und Beine wieder in Ruhe sortieren und strecken.

Links: Wer nach vorne fällt, kann keine Gewichtshilfen geben.

Rechts: Ziemlich bequem, aber ohne Körperspannung: Wer so sitzt, kann nicht mehr treiben.

Als Reitanfänger hat man also alle Hände voll zu tun, man muss richtig sitzen, auf den Oberkörper und die eigenen Beine achten und soll noch dazu das Pferd richtig reiten. Das ist recht schwierig, weil man das Gefühl hat, viele Dinge gleichzeitig machen zu müssen. Damit dies etwas leichter fällt, werden den meisten Schulpferden Hilfszügel eingeschnallt. Hilfszügel sind zusätzliche Zügel oder Lederriemen, die dem Reiter helfen, ein Pferd richtig – also in der richtigen Haltung – zu reiten. Ein Pferd sollte nämlich mit den Hinterbeinen schwungvoll nach vorne treten, sodass es den Hals locker fallen lässt, den Kopf herunternimmt und somit Stirn und Nasenrücken des Pferdes eine Senkrechte bilden.

Dann ist das Genick des Pferdes der höchste Punkt. In dieser Haltung schwingt der Rücken eines Pferdes und man kann als Reiter viel leichter und besser sitzen.

Ein solcher Hilfszügel ist zum Beispiel der Stoßzügel. Ein einzelner Stoßzügel verläuft vom Sattelgurt durch die Vorderbeine zum Gebiss, wo ein Verbindungsstück zu beiden Trensenringen eingeschnallt wird. Manchmal ist der Stoßzügel allerdings ein wenig zu starr, sodass die Pferde sich damit schlecht biegen können. Angenehmer für das Pferd sind da schon die so genannten Ausbinder. Sie werden seitlich am Pferd vom Sattelgurt bis zum Trensenring verschnallt. Bis auf einen Gummiring sind sie starr. Seitliche Ausbinder erleichtern es dem Pferd, die Anlehnung an das Gebiss zu suchen und in korrekter Haltung mit aktiver Hinterhand vorwärts zu gehen. Sehr gut geeignet sind auch Dreieckszügel, die auch Wiener Ausbinder oder Wiener Zügel genannt werden. Sie

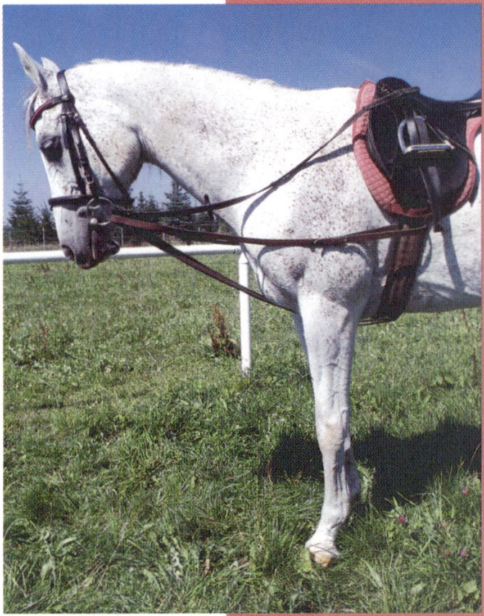

Mit dem Dreieckszügel darf das Pferd nicht zu eng eingeschnürt werden.

Ein typischer Hilfszügel bei Schulpferden: der Ausbinder

werden verschnallt, indem ein Ende am Sattelgurt unter dem Bauch befestigt wird. Die anderen beiden Enden laufen durch die Trensenringe und werden jeweils seitlich am Pferd am Ende des Sattelgurts befestigt. Dem Pferd wird so eine Vorwärts-Abwärts-Dehnungshaltung ermöglicht. Die zweite Möglichkeit ist, den Dreieckszügel vom Sattelgurt (direkt unter dem Sattelblatt) zum Trensenring laufen zu lassen und ihn dann oben in den Sattel einzuschnallen (dort wo auch das Halteriemchen befestigt werden kann). Bei dieser Art der Anbringung des Dreieckszügels muss das Pferd mehr in Aufrichtung laufen.

Ein üblicher Hilfszügel zum Springen: das Martingal

Ein weiterer Hilfszügel, der meistens zum Springen verwendet wird, ist das Martingal. Das Martingal verläuft vom Sattelgurt zwischen den Vorderbeinen hindurch. Vor der Pferdebrust teilt es sich und endet mit zwei Ringen, durch die die Zügel laufen. Befestigt sind die beiden Riemen durch einen weiteren Riemen, der um den Hals des Pferdes gelegt wird. Das Martingal verhindert, dass das Pferd den Kopf hochreißt. Sobald das Pferd den Kopf herunternimmt, merkt es diesen Hilfszügel nicht mehr.

Reiterhilfen

Das Pferd in Bewegung versetzen, das ist natürlich nicht alles, was man können muss, um reiten zu lernen. Es gibt noch eine ganze Menge Reiterhilfen, die der Reiter dem Pferd geben kann, damit es versteht, was es gerade machen soll. Das sind in erster Linie die Kombinationen aus Gewichtshilfe, Schenkelhilfe und Zügelhilfe, aber auch die Stimme.

Mit dem eigenen Gewicht kann man das Pferd antreiben, bremsen und seitwärts abbiegen lassen. Die Gewichtshilfe kann man auch zuhause mit einem Hocker oder mit einem Sitzball üben. So wie man mit seinem Gewicht den Ball nach vorne schieben kann, kann man auch das Pferd „anschieben". Das Pferd spürt, ob man sich gerade mehr nach rechts setzt oder zum Anreiten nach vorne schiebt.

Der Dressursitz im Dressursattel: Der Schenkel liegt am Pferd.

Mit dem Schenkel treibt man das Pferd vorwärts, seitwärts oder hält die Hinterhand des Pferdes auf der richtigen Linie. Bei einer vorwärts-treibenden Schenkelhilfe liegt der Schenkel am Sattelgurt und treibt beidseitig gleichmäßig vorwärts. Der seitwärts-treibende Schenkel liegt eine Handbreit hinter dem Sattelgurt und treibt das Pferd seitwärts, zum Beispiel beim Schenkelweichen, einer Übung, bei der das Pferd seitwärts tritt. Ein verwahrender Schenkel liegt ebenfalls eine Handbreit hinter dem Sattelgurt, ist aber ruhiger und treibt nicht aktiv seitwärts, sondern liegt nur am Pferd, um das Ausweichen der Hinterhand des Pferdes zu begrenzen. Um das Pferd treiben zu können, muss das Bein locker sein und darf nicht verkrampft nach oben gezogen werden. Sobald man den Absatz nach unten drückt, ist die Wade stramm, aber nicht angespannt.

Die Zügelhilfen ergänzen die Gewichts- und Schenkelhilfen, dürfen aber nicht allein erfolgen. Wichtig dabei ist, dass man die Zügelhilfen ganz vorsichtig gibt und nicht am Zügel zieht. Zügelhilfen können annehmend, nachgebend, durchhaltend, verwahrend oder seitwärts weisend sein: Bei einer annehmenden Zügelhilfe dreht man die Zügelfaust vorsichtig nach innen, bei einer nachgebenden Zügelhilfe führt man die Hand etwas nach vorne oder öffnet sie etwas. Die durchhaltende Zügelhilfe wird mit fest stehender Hand geritten, während man mit Gewicht und Schenkel das Pferd an das Gebiss herantreibt. Dagegen hält man bei der verwahrenden Zügelhilfe leicht gegen, beispielsweise wenn das Pferd auf einer gebogenen Linie läuft, und bei den seitwärts weisenden Zügelhilfen wird der Zügel vom Pferdehals weg in die gewünschte Richtung geführt. Letztere werden meist bei jungen Pferden eingesetzt.

Links: Die Hand sollte getragen werden und darf nicht zum Oberschenkel heruntergezogen sein.

Rechts: Ellbogen, Handgelenk und Trensenring bilden eine Linie, da darf man nicht den Ellbogen verdrehen!

Eine weitere Hilfe beim Reiten ist natürlich die Stimme, die die Pferde in der Regel schon vom täglichen Umgang her kennen. Die Begriffe für die verschiedenen Gangarten lernen die Pferde meist schon beim Longieren. Gerade für Reitanfänger oder für junge Pferde ist die Stimme eine prima Unterstützung, mit deren Hilfe man dem Pferd sagen kann, was es tun soll.

Junge Pferde trainiert man zunächst an der Longe.

Im Viertakt: Jeder Huf wird einzeln aufgesetzt.

Eine Reitstunde umfasst natürlich nicht nur den richtigen Sitz und das korrekte Anreiten. Zum Reiten gehören auch die verschiedenen Gangarten und zu wissen, wie man sie reitet.

Schritt ist eine Gangart im Viertakt. Das Pferd setzt einen Fuß nach dem anderen: Zuerst setzt das rechte Hinterbein auf, dann das rechte Vorderbein, dann das linke Hinterbein und zuletzt das linke Vorderbein.

Wenn man Schritt reiten will, muss man jeden Schritt ein wenig nach vorne treiben. Die Unterschenkel hält man kurz hinter dem Sattelgurt, sodass man den Pferdebauch fühlen kann. Ohne grob zu pressen und zu drücken wird leichter Kontakt zum Pferd gehalten, und immer wenn ein Hinterbein abhebt, übt man mit dem entsprechenden Schenkel leichten Druck aus. Den Takt, in dem man

treiben muss, fühlt man meist ganz leicht, aber man kann sich auch damit behelfen, dass man leise mitzählt oder die Augen ein paar Schritte schließt. Wichtig ist außerdem, dass die Reiterhand ganz besonders weich ist, denn im Schritt machen Pferde eine Nickbewegung mit dem Kopf. Der Kopf geht dabei immer ein wenig hinauf und hinunter. Diese Nickbewegung darf natürlich nicht gestört werden, weshalb man immer ein wenig mit der Hand nach vorne geht, sobald das Pferd mit dem Kopf nach unten nickt.

Will man im Schritt die Richtung bestimmen, so zeigt man das in erster Linie mit dem Gewicht und den Schenkeln an. Möchte man zum Beispiel nach rechts reiten, setzt man sich einfach mit der rechten Gesäßhälfte schwerer in den Sattel, nimmt also mehr Gewicht nach rechts. Dabei darf man keinesfalls mit der Hüfte abknicken, sonst verlagert sich plötzlich das entsprechende Gewicht auf die andere Seite. Der rechte Schenkel bleibt am Gurt, und der linke Schenkel geht etwa eine Handbreit weiter nach hinten.

Im Zweitakt: Sehr schön sieht man die diagonalen Pferdebeine nach vorne gehen.

Trab ist dagegen eine Gangart im Zweitakt mit einer Schwebephase. Im Trab werden immer die diagonalen Beinpaare zusammen aufgesetzt, das heißt vorne rechts und hinten links gleichzeitig und vorne links und hinten rechts gleichzeitig.

Das Antraben unterscheidet sich nur wenig vom Losreiten. Zunächst macht man das Pferd aufmerksam. Dazu gibt man eine so genannte halbe Parade. Bei der halben Parade setzt man sich schwer in den Sattel, macht beide Beine etwas fester zu und dreht die Zügelhand ein wenig nach innen, sodass etwas mehr Druck auf das Gebiss ausgeübt wird. Die Zügel müssen anschließend gleich wieder nachgegeben werden. Reagiert ein Pferd auf eine halbe Parade nicht, so gibt man einfach noch eine weitere halbe Parade, ohne dabei mit der Hand stärker am Zügel zu ziehen. Eine ganze Parade besteht übrigens aus mehreren halben Paraden. Mit einer ganzen Parade kommt ein Pferd zum Halten.

Zum Antraben gibt man also eine halbe Parade, schiebt das Becken nach vorne und setzt mit den Beinen einen Impuls zum flotter werden. Und schon sollte das Pferde traben! Falls aber nicht, so war der Reiter zu zaghaft. Mit etwas mehr Schwung oder mit Unterstützung einer Gerte müsste es aber nun klappen!

Der Trab ist für Anfänger zunächst fürchterlich unbequem. Da ist es besser, gleich das Leichttraben zu lernen. Beim Leichttraben steht man bei jedem zweiten Trabschritt auf. Übrigens trabt man zu Beginn jeder Reitstunde leicht, damit das Pferd sich erst einmal

Beim Leichttraben muss man darauf achten, nicht mit dem Oberkörper nach vorne zu fallen.

lösen kann, ohne das gesamte Reitergewicht ständig starr auf dem Rücken sitzen zu haben. Junge Pferde trabt man prinzipiell immer leicht, da sich ihre Rückenmuskeln noch nicht an das Reitergewicht gewöhnt haben, und im Gelände wird sowieso ausschließlich leicht getrabt.

Beim Leichttraben steht man also beim Vorschwingen des äußeren Vorderbeins und des inneren Hinterbeins auf. Wenn man in der Bahn reitet, gibt es einen Trick: Man steht immer dann auf, wenn man sieht, dass die äußere Schulter beziehungsweise das äußere Vorderbein des Pferdes nach vorne geht. Wieder vom Trab in den Schritt kommt man ebenfalls mit einer halben Parade. „Durchparieren" heißt das in der Reitersprache. Und wer aus dem Trab heraus anhalten möchte, der führt eine ganze Parade aus.

Der Galopp ist eine gesprungene Gangart im Dreitakt.

Wenn Schritt und Trab schon ganz gut klappen, dann wird es Zeit zu galoppieren. Galopp ist eine gesprungene Gangart im Dreitakt. Man unterscheidet den Rechts- und Linksgalopp, je nachdem mit welchem Bein das Pferd zuerst nach vorne kommt. Beim Rechtsgalopp sieht man zuerst das rechte Vorderbein, dann sind alle vier Beine in der Luft (Schwebephase), nun fußt das linke Hinterbein auf, anschließend folgt das rechte Hinterbein, dann das linke Vorderbein und zum Schluss kommt wieder das rechte Vorderbein nach vorne. Der Linksgalopp beginnt vorne links, es folgt die Schwebephase, dann das rechte Hinterbein, anschließend hinten links und vorne rechts und wieder das linke Vorderbein.

Zum Angaloppieren gibt man – am Anfang aus dem Trab heraus, später auch aus dem Schritt – als Erstes eine halbe Parade. Um rechts anzugaloppieren stellt man das Pferd ein wenig nach innen, also nach rechts, die rechte Hand wird nach innen eingedreht und das rechte Bein treibt stärker, der linke Schenkel geht eine Handbreit weiter nach hinten, und das rechte Bein gibt eventuell noch einen Impuls. Wenn alles richtig war, kommt jetzt der erste Galoppsprung! Der Linksgalopp, den man reitet, wenn man auf der linken Hand ist, also links herum in der Halle reitet, geht fast genau so: halbe Parade, rechter Schenkel zurück, linke Hand gibt wieder nach und – Galopp! Damit es nach dem Angaloppieren nicht bei diesem einen Galoppsprung bleibt, muss man jeden Galoppsprung wieder einzeln heraustreiben. Dazu treibt man das Pferd mit dem Schenkel, der zur Bahninnenseite zeigt, bei jedem Sprung wieder deutlich an. Man sagt auch, man solle jeden Galoppsprung so herausreiten wie den ersten.

Dieses Pferd läuft im Linksgalopp.

Der Galopp ist übrigens viel leichter zu sitzen als der Trab, denn man wird nicht so sehr hin- und hergeworfen. Da der Dreitakt aber für einen Reitneuling sehr ungewohnt ist, ist es überhaupt keine Schande, wenn man sich zuerst mit einer Hand am Sattel oder in der Mähne festhält.

Noch einfacher wird es, wenn man im leichten Sitz galoppiert: Dazu stellt man sich ein wenig in die Steigbügel und nimmt den Oberkörper nach vorne. Der Rücken bleibt dabei gerade und darf nicht etwa krumm werden. Dafür kann man auch die Steigbügelriemen etwa zwei bis drei Löcher kürzer schnallen. Wenn man die Knie noch etwas fester an die Sattelpauschen drückt, kommt man besser mit dem Gesäß aus dem Sattel hoch. Der leichte Sitz wird im Gelände ebenso geritten wie beim Springreiten oder beim Anreiten junger Pferde.

Im leichten Sitz nimmt man das Gewicht aus dem Sattel.

Bahnregeln und Bahnfiguren

Ganz egal, ob man im Reitunterricht in einer Abteilung reitet oder ob jeder für sich allein seinen Weg suchen muss: um nicht ständig zusammenzustoßen, muss man die Bahnregeln kennen.

Die Bahnregeln ordnen ganz allgemein gültig, wer wann „Vorfahrt" hat: Wer links herum reitet, also wessen Bein links in Richtung Bahnmitte weist, hat Vorfahrt. Wer dagegen rechts herum reitet, und somit das rechte Bein in Richtung Bahnmitte hat, muss ausweichen. Wer in der Reitbahn außen auf dem so genannten Hufschlag entlang der Außenbegrenzung reitet, hat Vorfahrt. Wer jedoch innen reitet, also eine Bahnfigur wie beispielsweise einen Zirkel reitet, muss ausweichen. Zusätzlich besteht die Regel, dass derjenige, der sich im Trab oder Galopp befindet, Vorfahrt hat, und

der andere, der Schritt reitet, ausweichen muss. Und allgemein gilt auch: Wer schneller ist und überholen möchte, der geht natürlich innen vorbei.

Zu Beginn jeder Reitstunde und am Ende jeder Prüfung reitet man Schritt am langen Zügel.

In der Regel reitet man auf dem Hufschlag rechts oder links herum. Der Hufschlag ist ganz einfach der Weg, der ziemlich nahe an der Außenbegrenzung entlang immer in die Runde führt. Wer einem anderen Reiter ausweichen muss, der geht auf den zweiten Hufschlag, also einfach auf eine Innenbahn, sodass der Reiter außen bequem vorbeireiten kann.

Dabei ist sehr wichtig, auf welcher Hand man reitet: Wenn man rechts herum reitet, dann ist man auf der rechten Hand, wenn man links herum reitet, ist man auf der linken Hand. Sind mehrere Reiter in der Bahn, so ist es einfacher, wenn alle gemeinsam auf ei-

Wer links herum reitet, hat immer Vorfahrt.

Durch die Länge der Bahn wechseln: Hier muss man ganz gerade reiten.

ner Hand reiten, das heißt alle reiten entweder rechts oder alle links herum. Damit nicht alle einen Drehwurm bekommen, verändert man regelmäßig die Richtung: Sobald also das Kommando „Hand wechseln“ ertönt, reitet jeder eine Hufschlagfigur, die dazu geeignet ist, die Hand zu wechseln. Das können folgende Übungen sein: „durch die Länge der Bahn wechseln“, „durch die halbe Bahn wechseln“, „durch die ganze Bahn wechseln“, „durch den Zirkel wechseln“, „aus dem Zirkel wechseln“ oder „aus der nächsten Ecke kehrt“.

In vielen Reitstunden wird hintereinander geritten, damit es nicht so schnell zu einem Durcheinander kommt. Dazu wird ein Anfangsreiter bestimmt, dem alle anderen mit jeweils einer Pferdelänge Abstand folgen.

In jeder Reitstunde werden ganz gezielt verschiedene Dinge geübt: Wer gerade erst mit dem Reiten angefangen hat, der übt vielleicht eine halbe Runde zu traben und dabei schon mal auszusitzen. Andere können schon versuchen, an der richtigen Stelle anzugaloppieren – und das ist gar nicht so einfach! Der Reitlehrer korrigiert dann die Fehler, die man jeweils gemacht hat, und erklärt wie man die Übungen richtig reitet. Die einzelnen Reiterhilfen und ihr Zusammenspiel sind für den Anfänger manchmal etwas verwirrend, deshalb sollte man immer gleich nachfragen, wenn man etwas nicht genau versteht!

Auf dem Zirkel kann man erkennen, dass das Pferd gebogen ist.

In der Reithalle oder in der Bahn folgen die Reiter ganz bestimmten Hufschlagfiguren. Sie sorgen dafür, dass nicht alle chaotisch durcheinander reiten, haben aber auch für sich genommen einen Sinn: Manche Hufschlagfiguren sind dazu geeignet, dass man die Richtung wechselt, mit anderen muss man das Pferd stellen und biegen, sodass es schön gymnastiziert wird. Um sich in der Reithalle zu orientieren, muss man sich deshalb unbedingt die Bahnpunkte (A-K-E-H-C-M-B-F) merken, die den Weg der Hufschlagfiguren bestimmen. So reitet man beispielsweise die Hufschlagfigur „durch die Länge der Bahn wechseln" zwischen A und C. Um sich die Bahnpunkte einzuprägen, helfen einem die folgenden Merksprüche: „Alle Kühe essen Heu, Cälber mögen besseres Futter" oder auch „Mein bester Freund Anton kann einen heben. Cheerio!"

Jene Hufschlagfiguren, mit denen man auf die jeweils andere Hand wechselt, wurden eben schon genannt. Die richtige Stellung und Biegung des Pferdes übt man besonders gut bei den gebogenen Linien wie „auf dem Zirkel geritten", aber auch bei den Schlangenlinien. Eine „einfache Schlangenlinie an der langen Bahnseite" ist ein einfacher großer Bogen mit fünf Metern Abstand zum Huf-

In jeder Ecke wird das Pferd gebogen.

schlag. Eine „doppelte Schlangenlinie entlang der langen Bahnseite" nennt man zwei gleichmäßig große Bögen mit 2,5 Metern Abstand zum Hufschlag. „Schlangenlinien quer durch die ganze Bahn" werden meist in vier oder fünf Bögen geritten. Diese Bögen beginnen nach einer Ecke und führen ganz bis auf die andere Hallenseite, dort reitet man einen halben Kreisbogen und dann wieder zurück zur anderen Seite. Auch Volten sind sehr gut geeignet, um ein Pferd zu biegen und damit aufmerksam und locker zu machen. Sie können sechs, acht oder zehn Meter Durchmesser haben und an jeder beliebigen Stelle der Bahn geritten werden.

Bei der Vorderhandwendung ist der linke Schenkel zurückgelegt und treibt seitwärts.

Zu den Bahnfiguren gehören auch alle anderen Übungen, die man mit einem Pferd in der Reitbahn machen kann: „rückwärts richten", „aus der Ecke kehrt" oder die Vorderhandwendung. Letztere ist eine Übung, bei der man eine Wendung auf der Stelle macht. Sie ist sehr gut geeignet, um das Zusammenspiel von Zügel- und Schenkelhilfen zu überprüfen. Eine Vorderhandwendung nach rechts reitet man, indem man das Pferd ein wenig nach rechts stellt, das eigene Gewicht auf die rechte Seite verlagert und anschließend mit dem rechten Schenkel Schritt für Schritt nach rechts herum treibt. Der linke Schenkel liegt dabei etwas weiter hinten und verwahrt, er bremst also ein wenig, damit das Pferd nicht förmlich die Hinterhand herumschleudert. Eine feine Zügelführung sorgt dafür, dass das Pferd währenddessen nicht nach vorne oder nach hinten tritt. Nach links wird die Vorderhandwendung genau umgekehrt geritten: nach links stellen, links treiben, Gewicht nach links, rechter Schenkel verwahrt. Das Pferd tritt so Schritt für Schritt um ein Vorderbein herum, bis es in die entgegengesetzte Richtung schaut.

Nach der Reitstunde

Gegen Ende der Reitstunde werden zuallererst die eventuell benutzten Hilfszügel ausgeschnallt. So können sich die Pferde noch ein wenig entspannen und am langen Zügel strecken. Man reitet noch etwa fünf bis zehn Minuten Schritt, damit die Pferde wieder ganz zur Ruhe kommen und eventuell auch schon ein wenig trocknen können, falls sie beim Reiten geschwitzt haben.

Die Reitstunde ist erst zu Ende, wenn sich alle Reiter und Pferde aufgestellt haben und die Reitschüler abgestiegen sind: Dafür nimmt man beide Füße aus den Bügeln, holt etwas Schwung, wirft beide Beine schwungvoll nach hinten und springt nach links ab! Etwas eleganter ist es, nur den rechten Fuß aus dem Bügel zu nehmen, ihn hinten über den Pferderücken zu heben und sich dann langsam an der linken Seite herabzulassen. Dabei kann man zwar den linken Fuß noch im Bügel lassen, ich halte das aber für ungeschickt: Wenn jetzt das Pferd losläuft, wird man eventuell mit dem Fuß im Bügel hinterhergezogen!

Ist man damit glücklich wieder auf dem Boden angekommen, muss man natürlich noch die Steigbügel hochziehen. Die Steig-

Bevor man absteigt, nimmt man die Füße aus dem Steigbügel, ...

... schwingt sie nach hinten, hebt das rechte Bein über das Pferd ...

bügel werden dafür an den Bügelriemen bis oben hochgeschoben, und anschließend werden die Riemen vorne durch den Steigbügel gezogen. Denn würde man die Bügel einfach baumeln lassen, könnte man ganz schnell irgendwo damit hängen bleiben.

Bevor man nun nach der Reitstunde die Reithalle verlässt, werden noch die Hufe gesäubert. Dabei kontrolliert man, ob sich bei einem Untergrund aus groben Hackschnitzeln vielleicht Holzspäne im Huf festgesetzt haben oder ob sich gar beim Reiten ein Hufeisen gelöst hat. Darüber hinaus trägt man nicht den gesamten Hallenboden mit nach draußen, wenn man noch in der Bahn die Hufe auskratzt.

Erst am Putzplatz oder in der Box werden dem Pferd der Sattel und die Trense abgenommen. Beim Absatteln sollte man immer darauf achten, dass der Gurt beim Öffnen nicht an die empfindlichen Pferdebeine schlägt. Die Trense wird von unten nach oben geöffnet und das Gebiss vorsichtig nach unten aus dem Maul herausgenommen. Eventuell werden noch die Bandagen oder Gamaschen entfernt und die Pferdebeine mit Wasser abgespritzt. Ist das Pferd noch nass geschwitzt, kann es mit einer Abschwitzdecke zurück in die Box oder in den Auslauf gebracht werden.

... und rutscht an der Seite des Pferdes herab.

So hat man wieder Boden unter den Füßen!

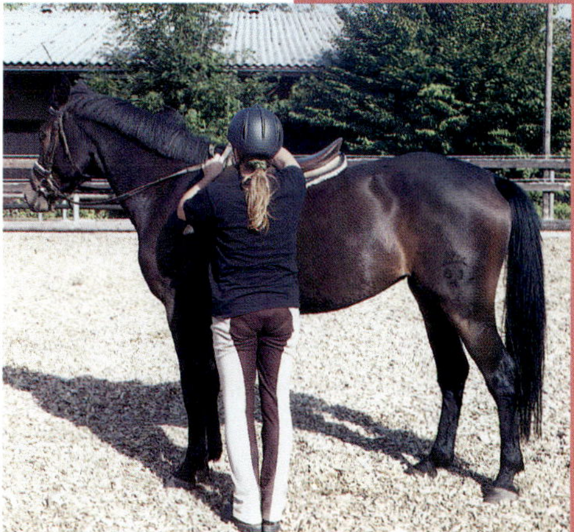

DIE REITWEISEN

Englischreiten

Die in Europa wohl verbreitetste Reitweise ist das so genannte „Englischreiten“, dessen Bezeichnung wohl irgendwann einmal in Abgrenzung zum Westernreiten entstand. Denn die Englische Reitweise wurde keineswegs speziell in England erfunden, vielmehr wurde sie hauptsächlich durch die Reiter in Deutschland und einiger anderer Länder geprägt.

Englischreiter werden von der FN geprüft und können ein Reitabzeichen erwerben.

Die Reiter des Englischreitens werden in Deutschland durch die Deutsche Reiterliche Vereinigung (FN) vertreten und finden überall im Land Reitschulen, anerkannte Ausbilder und auch Turnierprüfungen. Auch in der Öffentlichkeit ist diese Reitweise am bekanntesten: Im Fernsehen sieht man fast ausschließlich Dressur- oder Springprüfungen in dieser Reitweise, die beispielsweise auch bei den Olympischen Spielen vertreten ist. Die in diesem Buch beschriebenen Reiterhilfen und die Ausrüstung von Pferd und Reiter beziehen sich alle streng genommen auf das Englischreiten – wobei sie in fast allen anderen hier vorgestellten Reitweisen genauso oder zumindest so ähnlich ausgeführt werden. Lediglich zum Westernreiten gibt es größere Unterschiede.

Das Englische Reiten leitet sich ursprünglich von den Reitern der Kavallerie beziehungsweise vom Jagdreiten ab. Die im Vergleich zu den Westernsätteln

eher kleinen Vielseitigkeitssättel haben ihren Ursprung im Jagdreiten, wo beispielsweise beim Springen über Geländehindernisse die dicken Pauschen am Knie Halt geben mussten.

Typisch Englischreiter: Auf Springturnieren messen die Reiter ihr Können und das ihrer Pferde.

Man unterscheidet drei Arten von Sätteln: Dressursättel, Vielseitigkeitssättel und Springsättel. Letztere haben ein Sattelblatt, das weit nach vorne reicht und über besonders dicke Pauschen im Bereich des Knies verfügt, sodass man beim Springen viel Halt hat. Dressursättel haben eine tiefere Sitzfläche für den Reiter und ein langes, gerades Sattelblatt für das Reiterbein. So sitzt man möglichst dicht am Pferd. Vielseitigkeitssättel sind dagegen eine praktische Mischung aus beidem und werden entsprechend häufig benutzt. Bei ihnen sind die Pauschen nur ein wenig nach vorne gezogen und man kann mit ihnen natürlich sowohl Dressur- als auch Springreiten und ins Gelände gehen. Die meisten Reiter und Pferde besitzen Vielseitigkeitssättel, richtige Dressur- oder Springsättel legen sich meist nur echte Turnierreiter zu.

Die Grundlage der Dressurreiter ist eine sorgfältige Ausbildung des jungen Pferdes.

Was ist das eigentlich, „Dressurreiten“? Dressurreiten findet nicht nur auf einem Turnier statt, bei dem bestimmte Übungen präsentiert werden, sondern es dient dazu, das Pferd zu gymnastizieren, es locker und geschmeidig zu machen, sodass es willig und zufrieden mitarbeitet. Zum Dressurreiten gehören alle Übungen, mit denen man die Rittigkeit und damit die Gesundheit des Pferdes verbessert. Deshalb ist das Dressurreiten auch die Grundlage des Springreitens und des Vielseitigkeitsreitens und genau genommen auch des Freizeit- und Distanzreitens. Die gesamte Grundausbildung des Pferdes, das Verbessern der Zusammenarbeit von Pferd und Reiter, das alles gehört zum Dressurreiten.

Die Grundlage des Dressur- und des Springreitens ist die Skala der Ausbildung. In ihr werden die Schritte der Pferdeausbildung festgelegt: Takt, Losgelassenheit, Anlehnung, Schwung, Geraderichten, Versammlung. Das Pferd lernt also unter dem Reiter im Takt zu laufen, dabei losgelassen zu sein, in Anlehnung (mit weicher Ver-

bindung von Reiterhand zum Pferdemaul) zu laufen, dabei Schwung zu entwickeln und sich gerade richten zu lassen. So erreicht es die Versammlung. Ein Pferd, das so weit ausgebildet ist, dass es – orientiert an der Skala der Ausbildung – korrekt läuft, ist durchlässig. Durchlässigkeit meint, dass das Pferd die Reiterhilfen ohne Zögern annimmt. Die Durchlässigkeit ist das Ziel aller Pferdeausbildung und dementsprechend ebenso wichtig für Dressur- und Springpferde wie auch für Freizeitpferde.

Um dieses Ziel zu erreichen, umfasst das Dressurreiten die verschiedensten Übungen, mit denen das Pferd lernt, sich unter dem Reiter locker und gleichmäßig zu bewegen und die Reiterhilfen richtig auszuführen. Dabei gibt es Übungen, die besonders gut geeignet sind, um das Pferd zu „lösen“ und seine Muskeln aufzuwärmen, wie zum Beispiel das Leichttraben oder das Reiten auf großen gebogenen Linien. Andere Übungen sind sehr gut, um die Akzeptanz der Reiterhilfen oder den Schwung zu verbessern, so beispielsweise das Reiten von Übergängen und ganzen Paraden.

Eine Freizeitreiterin mit englischer Ausrüstung

Das Dressurreiten auf Turnieren umfasst genau diese Übungen in verschiedenen Schwierigkeitsgraden. Dabei gibt es für jeden Reiter von der Klasse E für Einsteiger über Klasse A für Anfänger, Klasse L für Leicht, Klasse M für Mittel bis zur Klasse S, der schweren Klasse, die verschiedensten Prüfungen.

Die Grundlage des Springreitens bildet ebenfalls die Skala der Ausbildung, da sich ein gutes Springpferd durch Rittigkeit, also durch williges Annehmen der Reiterhilfen, und damit durch Durchlässigkeit auszeichnet. Beim Springreiten springen Reiter und Pferd gemeinsam über verschieden hohe Hindernisse. Das fängt an mit kleineren Sprüngen und kleinen Springreihen, die der Gymnastik dienen, und geht bis zu hohen Sprüngen in der Klasse S (schwer) über 1,55 Meter Höhe und 2 Meter Tiefe. Die Klassen mit den verschiedenen Schwierigkeitsgraden auf den Turnieren entsprechen denen der Dressurreiter. Das Springen verbessert ebenfalls die Zusammenarbeit von Pferd und Reiter, und gerade kleinere Gymnastiksprünge helfen, eine eventuell verspannte Rückenmuskulatur des Pferdes zu lockern. So ist das Springreiten beispielsweise auch eine willkommene Abwechslung für Dressur- oder Distanzpferde.

Die Landephase ist schwierig zu sitzen.

Die unterschiedlichen Abmessungen zwischen den einzelnen Sprüngen eines ganzen Springparcours erfordern, dass man sein Pferd ganz exakt reitet. Man muss wissen, ob es nun lange oder kurze Galoppsprünge bis zum nächsten Hindernis ausführen

Dieser Sprung wird Oxer genannt.

muss, und diese auch genau kontrollieren können. Dazu gehört noch eine gesunde Portion Mut – ein Hasenfuß wird selten ein erfolgreicher Springreiter!

Vielseitigkeitsreiter sind wirklich etwas Besonderes: Sie springen Hindernisse, die so waghalsig sind, dass einem der Atem stockt!

Die Vielseitigkeit – oder auch Military genannt – ist eine Disziplin, bei der man eine Dressuraufgabe, einen Springparcours und eine Geländestrecke absolvieren muss. Pferd und Reiter sind in dieser anspruchsvollen Disziplin wahre Multitalente – mit enormem Springvermögen und besonders viel Mut! Denn vor allem die Geländestrecken sind sehr schwer zu reiten: Hier müssen die Pferde nachgebaute Naturhindernisse überwinden, Abhänge herabspringen, feste Hindernisse bewältigen und ins Wasser springen müssen. Vor ihren Reitern und Pferden sollte man Respekt haben – sie leisten wirklich eine außerordentliche Schwerstarbeit. Jedoch ist diese Disziplin durch Unfälle in Verruf geraten.

Westernreiten

Das Westernreiten ist die ursprüngliche Reitweise der Cowboys. Diese hüteten ihre Rinderherden mit Hilfe der Pferde. Dazu mussten sie weite Strecken zurücklegen, denn Amerika hat große Weideflächen, und die Rinderherden grasen oft weit entfernt vom heimatlichen Hof. So mussten die Cowboys auch außerhalb der Stallungen einzelne Rinder einfangen können oder sie in eine bestimmte Richtung treiben. Ideal waren hierfür wendige und kompakte Pferde, die gut zu sitzen waren und auch einmal schnell beschleunigen konnten, um einem Rind den Fluchtweg abzuschneiden.

Stilecht: Ein Westernreiter mit Jeans und Cowboyhut

Aus der Rinderarbeit sind unterschiedliche Disziplinen entstanden: Beim Cutting (vom Englischen „to cut“ = schneiden) reitet der Reiter in eine Herde und sortiert dann ein Rind aus der Herde aus. Während der Aufgabe darf der Reiter keine Reiterhilfen geben. Den Cutting-Pferden ist der so genannte „Cow sense“ angeboren: Das Pferd muss spüren, was das Rind tun wird, um es zu hüten wie ein Hütehund. Die Rinderarbeit findet sich auch in der Disziplin Working Cowhorse. Dort wird zum Einen eine Art Dressuraufgabe geritten, zum Anderen muss der Reiter sein Können in der Rinderarbeit unter Beweis stellen und ein Rind daran hindern, zur Herde zurückzulaufen. Auch die Disziplin Trail findet ihren Ursprung in der Alltagsarbeit der Cowboys. Beim Trail muss das Pferd einen Hindernisparcours bewältigen. Der Reiter hat beispielsweise ein Tor zu öffnen, über eine Brücke oder Wippe zu reiten oder muss das Pferd über Stangen treten lassen. Die Trail-

Prüfung erinnert an die typischen Aufgaben des Cowboys: Weidetore öffnen und schließen, ohne dass ein Rind entwischt, über Brücken und Äste reiten – all dies musste ein Westernpferd auch im Alltag beherrschen. Die einzelnen Manöver, die ein Westernpferd bei der Rinderarbeit beherrschen musste, werden in der Reining geprüft: Die Reining ist die Dressur der Westernreiter. Hier werden „Sliding stops" (Vollbremsungen auf der Hinterhand aus dem vollen Galopp heraus), „Spins" (schnelle Drehungen) und „Rollbacks" (Wendungen auf der Hinterhand) präsentiert. Das angenehm zu sitzende und weich zu reitende Pferd, das wird in der Pleasure vorgeführt: Pleasure bedeutet auf Englisch Vergnügen. Entsprechend soll es für den Reiter ein Vergnügen sein, das Pferd am lockeren Zügel mühelos und harmonisch zu reiten. Die Pleasure wird deshalb in einem möglichst ruhigen Tempo geritten, wobei der Reiter nur ganz wenig beziehungsweise möglichst unsichtbar auf sein Pferd einwirken sollte.

Bequem und leichtrittig: ein Pleasurepferd

Andere Turnierdisziplinen sind Kombinationen aus den verschiedenen Aufgaben: Beim Western Riding werden Trail-Aufgaben sowie bestimmte Manöver wie Wechsel des Galopps bewertet, in der Horsemanship begutachtet man die Reiterhilfen, und die Superhorse-Prüfung ist eine Mischung aus Teilen von Reining, Trail und Western Riding. Spektakulär sind die Prüfungen, in denen die Pferde ihre Wendigkeit unter Beweis stellen, das Barrel Race und das Pole Bending. Beim Barrel Race werden Tonnen, beim Pole Bending Stangen so eng und schnell wie möglich im Slalom umrundet.

Westernreiten umweht ein Hauch von Lagerfeuerromantik. Aber was ist wirklich anders bei dieser Reitweise, die um so vieles leichter aussieht als das Englischreiten? Der Eindruck von Leichtigkeit, von weniger Druck und Zwang, entsteht sicherlich durch die andersartige Zügelführung und den anderen Sitz. Im

Gegensatz zum Englischreiten werden die Zügel viel länger gelassen, man hält keine stetige Verbindung zum Pferdemaul, sondern „zupft" nur noch bei Bedarf. Aber auch das Westernpferd soll in korrekter Haltung laufen: Die gewünschte Kopf-Hals-Haltung ist zwar in der Regel tiefer als bei den Englischreitern, jedoch wünscht man beileibe auch kein Pferd, das den Kopf nach oben reißt und mit verspanntem Rücken unter dem Reiter davonrennt. Andersartig ist hier aber die Dosierung der Zügelhilfen: Man treibt das Pferd zwar ebenso mit Gewicht und Schenkeln an die Hand heran, aber sobald das Pferd nachgibt, also Kopf und Hals fallen lässt, dann gibt hier die Reiterhand so weit nach, dass der Zügel durchhängt.

Ein rasanter Sliding stop: das Markenzeichen der Westernreiter

Auffallend ist auch der Unterschied in der Beinhaltung: Während der Englischreiter stets Verbindung zum Pferdekörper hält und jeden einzelnen Schritt nach vorne heraustreibt, gibt der Westernreiter nur Impulse. Er treibt nur stärker nach, sobald das Pferd von sich aus langsamer wird. Solange es das gewünschte Tempo läuft, wird es also nicht getrieben. Somit ist diese Reitweise an sich etwas weniger anstrengend, weil man das Pferd nicht ständig treiben muss. Da aber die impulsartigen Hilfen genauso exakt gegeben werden müssen wie die beim Englischreiten, muss man das Westernreiten ebenso gründlich und sorgfältig erlernen.

Einfacher ist das Westernreiten für den Reitanfänger sicher dadurch, dass

Typische Westernpferde: Paint Horses und ein Araber

die meist kleineren Westernpferde in der Regel weniger schwungvolle Gänge haben und leichter zu sitzen sind. Und der Westernsattel tut ein übriges: Er vermittelt ein Gefühl von Sicherheit – schon alleine deshalb, weil man sich an seinem Horn festhalten kann!

Die andersartige Ausrüstung ist es gewiss auch, die die Faszination des Westernreitens ausmacht: Die bequemen Sättel sind dabei ebenso attraktiv wie die Möglichkeit, im Freizeitlook mit Jeanshose und Cowboystiefeln zu reiten. Denn sicherlich sind die speziellen Reithosen der Dressur- und Springreiter nicht jedermanns Sache, und auch die hohen Reitstiefel sind nur mäßig bequem.

Die Ausrüstung eines Westernreiters unterscheidet sich also schon auf den ersten Blick von der eines Englischreiters. Und das Pferd? Das trägt einen dieser großen bequemen Westernsättel. Aber auch die Zäumung ist eine andere: Da die Westernreiter weniger mit ständigem Zügelkontakt reiten, verzichten sie in den meisten Fällen auf ein Reithalfter. Die Trensen zeigen also mehr

Pferd und haben weniger Lederriemen. Auch das Gebiss unterscheidet sich häufig, meist ist es dünner als das beim Englischreiten. Zudem werden viele Westernpferde einhändig geritten, und dafür wird in der Regel eine Kandare benutzt. Diese Kandaren sind sehr dünn und haben lange Anzüge an den Seiten, da das Pferd auf minimalste Hilfen reagieren soll – die Kehrseite ist, dass das Gebiss so scharf ist, dass man dem Pferd sehr weh tun kann. Eine Kandare gehört daher, egal in welcher Reitweise, immer in die Hände von wirklich erfahrenen Reitern!

Typisch für das Westernreiten sind aber auch gebisslose Zäumungen wie das Hackamore und das Sidepull. Letzteres wirkt über ein Nylon- oder Lederband auf die Nase des Pferdes. Das Hackamore kann ein mechanisches Hackamore sein, bei dem ein Bügel oder Lederriemen über der Nase mit seitlichen Anzügen versehen ist, oder ein klassisches Hackamore, das auch Bosal genannt wird. Dabei handelt es sich um einen mit Rohhaut oder Leder umflochtenen Ring, der um die Nase des Pferdes gelegt wird.

Das Westernreiten entstand aus der Rinderarbeit.

Damit richtig zu reiten, das ist schon Profi-Sache! Aber das kann man ja lernen ...

Noch ein kleiner Hinweis am Rande: Wer sich für das Westernreiten interessiert, sollte sich einen guten und damit anerkannten Trainer suchen. Idealerweise wäre das dann ein EWU-Trainer (Erste Westernreiter Union Deutschland), der über eine anerkannte Ausbildung verfügt. Zum Westernreiten benötigt man nämlich nicht unbedingt ein Westernpferd oder einen Westernsattel, sondern zuallererst einmal den richtigen Unterricht. Denn, egal für welche Reitweise man sich auch entscheidet, richtig lernen muss man sie alle!

Vom Schweben und Tölten

Das Reiten auf Gangpferden ist streng genommen keine eigenständige Reitweise im herkömmlichen Sinne. Aber da die Gangpferde eine eigene Reiterszene, spezielle Pferderassen und Reiterhilfen sowie andere Ausrüstungen haben, werden sie hier gesondert genannt.

Islandpferde werden überwiegend artgerecht gehalten.

Gangpferde sind Pferde, die eine zusätzliche Gangveranlagung haben, das heißt, sie können außer den üblichen Gangarten Schritt, Trab und Galopp auch noch die Gangart Tölt, und manchmal sogar Pass. Auf der gesamten Welt gibt es viele Gangpferde, da diese Gangveranlagung genetisch recht häufig verbreitet ist. So zählt man etwa 40 Gangpferderassen. Die bekanntesten sind die Islandpferde, töl-

tenden Traber, Manglangalarga Marchador oder auch die südamerikanischen Paso Finos und Paso Peruanos. Ursprünglich trugen auch viele andere Rassen eine Gangveranlagung in sich, aber da sie bei ihnen unerwünscht war, hat man sie gezielt weggezüchtet.

Der vierte Gang: ein Isländer im Tölt

Tölt ist eine Gangart im Viertakt, wie ein schneller Schritt. Im Tölt können manche Pferde sogar so schnell laufen wie andere im Galopp. Da beim Tölt immer nur ein Bein vorgesetzt wird – im Gegensatz zum Trab, wo immer zwei Beine gleichzeitig nach vorne schwingen – ist er für den Reiter besonders bequem zu sitzen. Im Tölt gibt es also keine Schwebephase, abwechselnd sind im Tölt immer ein oder zwei Beine am Boden. Die Fußfolge ist eigentlich die gleiche wie im Schritt: Erst setzt der Huf hinten links auf, dann der Huf vorne links, danach hinten rechts und als Letztes vorne rechts.

Pass, besser gesagt Rennpass, ist etwas ganz Besonderes: Auch bei den Gangpferden können nur einige Pferde den richtigen Rennpass laufen. Er kann ebenfalls bis zum Galopptempo geritten werden und erfordert dann von einem Pferd viel Kraft. Im Pass setzt das Pferd die äußeren Beinpaare immer gleichzeitig auf: also gleichzeitig vorne rechts und hinten rechts, dann vorne links und hinten links und so weiter. So ein Rennpass wird nur über wenige hundert Meter geritten, da er sonst zu anstrengend für das Pferd wäre. Es muss sich fortwährend mit dem gesamten Körper strecken und kann so bis zu 45 Kilometer pro Stunde schnell werden. Ein langsamer Pass, der das Pferd kamelartig schreiten lässt, ist dagegen nicht erwünscht und wird selbst bei den Gangpferden nicht gern gesehen.

Es ist übrigens durchaus nicht immer ganz einfach, die Gangarten der Gangpferde sauber zu reiten. Es gibt eine Menge Pferde, die sich etwas schwerer damit tun, einen taktklaren Tölt oder Pass zu gehen. So existiert leider auch keine klare „Tölthilfe", die vergleichbar mit einer fest definierten Galopphilfe bei allen Pferden funktioniert. Im Gegenteil: Man unterscheidet sogar unterschiedliche Ausprägungen bei den einzelnen Gängen – wie zum Beispiel die Verschiebung vom Tölt in den Pass oder die Gangverschiebung in Richtung Trab. Solche „Trabtölter" werden dann anders geritten als die „Passtölter".

Spaß mit Islandpferden!

Die bei uns in Deutschland häufigsten Gangpferde sind die Isländer. Sie wurden seit den 1980er-Jahren nach Deutschland importiert und begründeten eine ganz neue Reiterszene, die sich bewusst von den Dressur- und Springreitern abgrenzte und auch begann, sich für die artgerechte Pferdehaltung einzusetzen. Die Freizeitreiter waren nicht nur begeistert von den zusätzlichen Gangarten ihres Ponys, sondern auch davon, wie robust und gleichzeitig gangfreudig ihre liebevoll „Isis" genannten Pferde waren. Islandpferde haben zwar „nur" Ponygröße, sind jedoch durchaus temperamentvoll. Sie gelten als lauffreudig, aber auch recht einfach im Umgang. Die Reiter, denen die großen Warmblüter zu kompliziert im Umgang erschienen, waren gerade zu Beginn dieser Entwicklung

fasziniert von der Freundlichkeit ihrer Isländer. Inzwischen gibt es sicherlich genauso viele schwierige Islandpferde wie schwierige Warmblüter, denn mit dem Aufblühen einer eigenständigen Turnierszene begann man damit, nicht nur sanftmütige Freizeitpferde zu importieren, sondern auch temperamentvolle Turniersportler – und die sind nun einmal bei jeder Rasse nur etwas für Profis.

Islandpferde sind äußerst beliebte Gangpferde.

Die typischen Sättel der Islandpferde: Trachtensattel mit Rippsitz

Barockreiten

Das Barockreiten ist die Reitweise der klassischen Dressur. Hierfür sind Andalusier, Lipizzaner, aber auch Lusitanos und Friesen besonders gut geeignet. Aus Spanien kennt man die bunt geschmückten Pferde der Ferias, bei denen Männer und Frauen manchmal gemeinsam auf einem Pferd sitzen.

Die Klassisch-Barocke Reitweise folgt der Tradition der alten Rittmeister wie zum Beispiel R. F. de la Gueriniѐre, der übrigens auch als Gründer der heutigen FN-Reitlehre (Fédération Equestre Nationale) angesehen wird. Die FN-Reitlehre – und damit das so genannte Englischreiten – sind nämlich gar nicht so weit von der Barocken Reitweise entfernt. Sie ist eher eine Art Weiterentwicklung unter anderen Gesichtspunkten und mit anderen Schwerpunkten. So bemühen sich die Barockreiter vor allem um Lektionen der Hohen Schule, die auch beim Englischreiten als Perfektion des Reitens angesehen wird.

Die Grundlage der Barockreiterei ist die Arbeit an der Hand und vom Boden, ganz so wie es auch die alten Rittmeister lehrten. Die Hohe Schule über der Erde, die Schulsprünge, bei denen das Pferd steigt und an der Hand hohe Luftsprünge macht, ist die Krö-

Stolz und imposant: Ein Andalusier lässt sich bestens präsentieren!

nung dieser Arbeit. Hier unterscheidet sich die Barocke Reitweise deutlich von den Englischreitern, die ihre Pferde nur unter den Reitern vorstellen und die Arbeit vom Boden, abgesehen vom Longieren, in der Regel nicht trainieren.

Die schwarzen Perlen: Friesen sind sehr attraktiv.

Die Pferderassen, die besonders gut für die Barockreiterei in höchster Versammlung geeignet sind, sind alle mehr oder weniger von den spanischen Andalusiern geprägt: Lippizanern, Kladrubern, Frederiksborgern und Friesen sieht man den Einfluss der Spanier meist deutlich an. Im Mittelalter waren Andalusier, korrekt bezeichnet heißen sie übrigens Pura Raza Española, an den europäischen Fürstenhöfen sehr begehrt. Denn problemlos trugen die kompakten und kräftigen Spanier einen Mann mit schwerer Kriegsrüstung. Ihr attraktives Äußeres machte sie zudem zu beliebten Show- und Parade-Pferden – eine Faszination, die bis heute von den Barockpferden ausgeht.

Distanzreiten

Wer richtig lange Strecken in kurzer Zeit zurücklegt, ist ein Distanzreiter. Geritten werden Strecken bis zu 100 Meilen, das sind etwa 160 Kilometer. Auch wenn die Distanzreiter in der Regel die vorgegebene Strecke möglichst schnell hinter sich bringen wollen, ist Tempo hierbei nicht alles: Unterwegs wird nämlich immer wieder der Puls des Pferdes kontrolliert, und auf längeren Strecken wird zudem auch der Zustand des Pferdes durch einen Tierarzt untersucht.

Fast geschafft: Die beiden haben schon beinahe 50 Kilometer hinter sich.

Distanzreiter, das sind die Langstreckenspezialisten unter den Reitern, die an sich allen anderen Reitweisen entstammen und mit den unterschiedlichsten Pferden an den Start gehen. Am häufigsten sind aber sicher – zumindest auf den längeren Strecken – Vollblutaraber. Ihnen liegt die Ausdauer einfach im Blut, und mit ihrer flachen und weiten Galoppade haben sie es sicher auf langen Strecken etwas leichter als Pferde mit eher hochweiten Bewegungen.

Auch wenn meist der Schnellste gewinnt: Ein Distanzritt muss immer mit Verstand zurückgelegt werden, um das Pferd nicht zu überfordern. Denn auf der Strecke wird das Pferd immer wieder von Tierärzten kontrolliert. Und einen Distanzritt hat der Schnellste immer erst dann gewonnen, wenn er sein Pferd erfolgreich – also gesund, ohne zu lahmen und ohne Erschöpfungsprobleme – durch eine Nachuntersuchung gebracht hat.

Distanzritte gibt es seit 1969 in Deutschland. Der erste Distanzritt, der im niedersächsischen Ankum stattfand, war 50 Kilometer lang. 1973 gab es den ersten Ritt über 100 Kilometer und 1974 über 160 Kilometer, also 100 Meilen. Heute sind folgende Streckenlängen vorgegeben: Einführungswettbewerbe 25–39 Kilometer, kurze Distanzen 40–59 Kilometer, mittlere Distanzen 60–79 Kilometer und lange Distanzen 80–160 Kilometer.

Für solch eine lange Strecke muss ein Pferd natürlich ganz besonders trainiert werden. Dazu gehört die abwechslungsreiche Arbeit im Gelände ebenso wie das Dressur- und Springreiten. Je besser ein Distanzpferd gymnastiziert und damit vorbereitet ist, desto leichter kann es die Strapazen der langen Strecken verkraften.

Für das Reiten auf den langen Strecken haben die Distanzreiter oft besonders leichte und manchmal auch flexible Sättel, da die Pferde mit ihnen sehr weit und sehr schnell laufen müssen. Ihre gesamte Ausrüstung ist daher auch auf die notwendige Bequemlichkeit ausgerichtet – nichts darf drücken oder scheuern. Der Sitz der Distanzreiter ist ebenfalls manchmal etwas ungewöhnlich: Auf einem Ritt traben sie nicht immer leicht, wie sonst im Gelände üblich, sondern gehen mit langen Bügelriemen in einen „Schwebesitz“, der den Rücken ihrer Pferde entlastet.

Distanzreiter trainieren auch bei Schnee!

GLOSSAR

Abteilung: In der Gruppe hintereinander reiten.

Abzeichen: Weiße Haare am Kopf des Pferdes und an den Beinen.

Ankaufsuntersuchung: Tierärztliche Grunduntersuchung vor dem Kauf oder Verkauf eines Pferdes.

Auftrensen: Die Trense am Pferdekopf befestigen.

Ausbinder: Hilfszügel, mit dem das Pferd den Kopf nicht hoch nehmen kann.

Aussitzen: Im Trab im Sattel sitzen bleiben – im Unterschied zum Leichttraben.

Bahnfiguren: Festgelegte Figuren, die man in der Reitbahn reitet.

Bandagen: Aus Stoff oder Flies. Damit werden die Pferdebeine umwickelt, um sie zu schützen.

Barockpferde: Andalusier, Lusitanos und andere Pferderassen, die besonders gut für die klassische Dressur geeignet sind.

Biegung: Stellung des Pferdes auf gebogenen Linien. Das Pferd sollte vom Hals bis zum Schweif gleichmäßig gebogen sein.

Box: Wohnraum des Pferdes in einer Stallanlage.

Cavaletti: Kleiner Sprung als Aufstiegshilfe, Stange mit Holzkreuzen an den Seiten.

Chaps: Beinschutz für Reiter, meist aus Wildleder oder Ledererersatz.

Dressurreiten: Gymnastik für das Pferd (olympische Disziplin).

Durchlässigkeit: Ziel der Ausbildung eines Pferdes. Das Pferd reagiert problemlos auf die Reiterhilfen.

Durchparieren: In eine niedrigere Gangart wechseln oder anhalten.

Equidenpass: Europaweit vorgeschriebener Pass für Pferde.

Falben: Braune oder graubraune Pferde mit schwarzer Mähne.

Fluchttiere: Pferde erschrecken schnell und versuchen dann zu fliehen.

FN: Deutsche Reiterliche Vereinigung.

Galopp: Schnelle Gangart des Pferdes im Dreitakt mit Sprungphase.

Gamaschen: Aus Kunststoff oder Neopren. Schützen das Pferdebein insbesondere beim Springen.

Gebiss: Aus Metall oder Kunststoff, Bestandteil der Trense. Wird dem Pferd in das Maul gelegt.

Gerte: Dünner Kunststoffstock von 65–140 Zentimeter Länge, zur Unterstützung der Reiterhilfen.

Gewichtshilfe: Wichtigste Hilfe zur Verständigung mit dem Pferd.

Hengst: Männliches Pferd.

Hufeisen: Wird unter den Pferdehuf genagelt, um ihn zu schützen. Muss regelmäßig erneuert werden.

Hufschlag: Weg am Rande der Reitbahn, immer außen herum.

Isabellen: Helle, rötliche Pferde mit heller Mähne.

Kaltblutpferde: Kräftige Arbeitspferde, die schwere Wagen ziehen können.

Kardätsche: Weiche Bürste, mit der Staub aus dem Pferdehaar gebürstet wird.

Keilstern: Größeres Abzeichen an der Stirn, nach unten spitz zulaufend.

Kraftfutter: Pferdefutter, z. B. Hafer, Gerste, Mais.

Laterne: Großes Abzeichen am Pferdekopf. Das Gesicht kann fast ganz weiß sein.

Leichter Sitz: Im Galopp, vor allem im Gelände, das Gewicht aus dem Sattel nehmen, indem man etwas in den Steigbügeln aufsteht.

GLOSSAR

Leichttraben: Bei jedem zweiten Schritt des Pferdes im Trab aufstehen.

Longieren: Arbeit mit dem Pferd an der etwa acht Meter langen Leine.

Martingal: Hilfszügel, der beim Springen eingesetzt wird und nicht starr festgeschnallt ist.

Offenstall: Wohnanlage für mehrere Pferde mit Stall und Auslauf, in der sie sich frei bewegen können.

Oxer: Sprung über zwei Sprungständer mit jeweils Stangen hintereinander. Muss weiter gesprungen werden als ein einzelner Steilsprung.

Paddock: Kleine Auslauffläche für Pferde.

Parade: Reiterhilfe. Mit einer ganzen Parade kommt man zum Halten, mit einer halben Parade macht man das Pferd aufmerksam.

Parcours: Mehrere Sprünge, die Pferd und Reiter gemeinsam in einer vorgeschriebenen Reihenfolge überwinden müssen.

Pass: Gangart im Zweitakt, bei der die äußeren Beinpaare gleichzeitig gesetzt werden.

Ponys: Alle Pferderassen, die kleiner als 148 Zentimeter sind.

Rappen: Schwarze Pferde.

Reithalfter: Teil der Trense. Hindert das Pferd daran, das Maul zu weit aufzureißen.

Rennpferde: Araber und Englische Vollblutpferde.

Sattel: Wichtig ist, dass er dem Pferd angepasst wird. Je nach Reitweise gibt es unterschiedliche Sättel.

Sattelblatt: Lederblatt an den Sattelseiten, an denen die Oberschenkel des Reiters liegen.

Schenkelhilfen: Reiterhilfen, die ein Pferd antreiben oder es seitwärts treten lassen.

Schimmel: Weiße Pferde, werden aber mit dunklem Fell geboren.

Schnippe: Weißes Abzeichen an der Pferdenase.

Schritt: Langsamste Gangart des Pferdes im Viertakt.

Sicherheitsknoten: Knoten zum Anbinden des Pferdes mit Halfter. Muss sich leicht lösen lassen.

Skala der Ausbildung: Grundausbildung des Pferdes, die zur Durchlässigkeit (s. dort) führt.

Sporen: Aus Metall. Werden an die Reitstiefel geschnallt und unterstützen bei fortgeschrittenen Reitern die Schenkelhilfen.

Springreiten: Pferd und Reiter überwinden gemeinsam Hindernisse (Springreiten ist eine olympische Disziplin).

Ständer: Pferdehaltung, bei der die Pferde die ganze Zeit angebunden werden. Heute in den meisten Ländern verboten.

Steigbügelriemen: Werden in der Länge verstellt und müssen der Größe des Reiters angepasst sein.

Striegel: Mit dem Striegel befreit man das Pferd vom gröbsten Schmutz.

Stute: Weibliches Pferd.

Tölt: Gangart im Viertakt – ohne Schwebephase und wie ein schneller Schritt. Ist für den Reiter sehr bequem zu sitzen.

Trab: Gangart im Zweitakt mit Schwebephase.

Trense: Kopfstück zum Reiten.

Voltigieren: „Turnen“ am Pferd.

Wallach: Männliches Pferd, kastrierter Hengst.

Warmblutpferde: Sportpferderassen, besonders geeignet für die Dressur und das Springen.

Westernpferde: Kurze, kompakte Pferde, die für das Westernreiten besonders gut geeignet sind.

Westernreiten: Entstand aus dem Rinderhüten zu Pferde.

Widerrist: Höchster Punkt am Pferderücken. Hier wird die Größe des Pferdes gemessen.

Zügel: Verbindung vom Pferdemaul zur Reiterhand.

Zügelhilfen: Reiterhilfe zur Verständigung mit dem Pferd. Darf nie ohne Gewichts- und Schenkelhilfe gegeben werden.

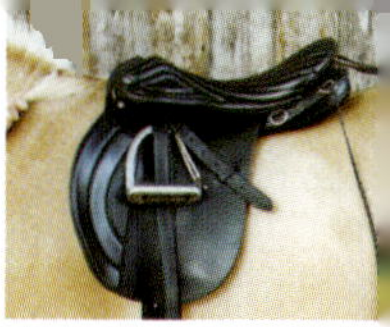

WICHTIGE ADRESSEN FÜR REITER

Deutschland

Deutsche Reiterliche
Vereinigung e. V.
Bundesverband für Pferde-
sport und Pferdezucht
Fédération Equestre
Nationale (FN)
Freiherr-von-Langen-Straße 13
48231 Warendorf
Tel.: (0 25 81) 63 62-0
www.fn-dokr.de

Erste Westernreiter Union
Deutschland e.V. (EWU)
Freiherr-von-Langen-Straße 8a
48231 Warendorf
Tel.: (0 25 81) 9 28 46-0
www.westernreiter.com

Erster Trekking-Club
Deutschlands e.V. (ETCD)
ETCD Geschäftsstelle
Etzlinsweiler 7
74653 Künzelsau – Etzlins-
weiler
Tel.: (0 79 44) 94 03 73
www.trekkingclub.de

Islandpferde-Reiter- und
Züchterverband e.V. (IPZV)
Bundesgeschäftsstelle
Justus-von-Liebig-Straße 5
31162 Bad Salzdetfurth
Tel.: (0 50 63) 27 15 66
www.ipzv.de

Verein Deutscher Distanz-
reiter und -fahrer e.V. (VDD)
VDD Geschäftsstelle
Zum Ludwigsthal 17
45527 Hattingen
Tel.: (0 23 24) 2 38 41
www.vdd-aktuell.de

Vereinigung der Freizeit-
reiter und -fahrer in Deutsch-
land e.V. (VFD)
Geschäftsstelle des Bundes-
verbandes
Auf der Hohengrub 5
56355 Hunzel
Tel.: (0 67 72) 96 30 98-0
www.vfdnet.de

Österreich

Bundesfachverband für Reiten
und Fahren in Österreich
(FENA)
Geiselbergstraße 26–32 /
Top 512
1110 Wien
Tel.: (01) 7 49 92 61-13
www.fena.at

Schweiz

Schweizerischer Verband für
Pferdesport (SVPS)
Box 726, Papiermühle-
strasse 40H
3000 Bern 22
Tel.: (031) 3 35 43-43
www.svps-fsse.ch

Internet

www.horseweb.de
www.pferd-aktuell.de
www.pferde.de
www.pferdezeitung.com
www.pferdreiter.de
www.reitarena.at
www.reiten.de

REGISTER

Bildnachweis

Holger Behling: 30 (u.)

Silke Behling: 15, 19 (u.), 21, 25, 32, 36 (o.), 48, 49, 53 (3), 54, 55, 56 (2), 60 (2), 61 (u.), 62, 64, 65, 66, 68 (u.), 69, 71, 72 (2), 73 (2), 76

Ramona Dünisch (www.ramona-duenisch.de): 3, 7 (u.), 10, 12, 17 (u.), 22, 24 (u.), 27, 28, 33, 42, 57 (u.), 74, 77, 78 (o.), 79, 81, 82, 84, 85, 86, 87, 89, 90; Kolumnenbilder 44–73

Gabriele Kärcher/www.sorrel.de: Umschlag vorne o. l., vorne o. r., vorne u., hinten (3), 16

Rainer Nardmann: 6, 7 (o.), 8, 9, 11, 13, 14, 17 (o.), 19 (o.), 20, 23, 24 (o.), 26, 29, 30 (o.), 31, 34, 35, 36 (u.), 37, 38 (2), 39 (2), 40 (2), 41, 44 (2), 45, 46, 47, 50 (3), 51 (3), 52, 57 (o.), 58, 59, 61 (o.), 63, 67, 68 (o.), 70, 75, 78 (u.), 80, 83, 88 (l.), 91, 92; Kolumnenbilder 4–43, 74–96

Okapia: Umschlag vorne o. M.

Christian Watermann: 88 (r.); Andrea Wenger: 18